KNAUR.LEBEN

Über das Buch:
Die Macht des Verborgenen, das Vergessene, Verheimlichte steuern unser Leben, ohne dass wir uns dessen bewusst werden. Die bekannte Schamanin Luisa Francia macht uns in ihrem neuen Ratgeber die magische Welt des Unsichtbaren bewusst, die in unserem Alltag wirkt. Wir wissen beispielsweise nichts darüber, wie unser Körper täglich ganz von allein funktioniert – auch wenn wir schlafen; wir staunen darüber, wie Heilung geschieht, wir handeln unbewusst nach alten Familientabus ... Was treibt uns? Was motiviert uns? Wie frei sind wir wirklich? Luisa Francia nimmt uns mit auf eine magische Reise und ermöglicht durch Rituale, mit den tieferen Ebenen des Lebens in Verbindung zu kommen und sich beschützt und geborgen zu fühlen.

Über die Autorin:
Luisa Francia ist Schriftstellerin, Künstlerin, Zauberkundige, Reisende, hat eine erwachsene Tochter, spricht fünf Sprachen und hat zahlreiche Bücher veröffentlicht, von denen einige Bestseller wurden. Sie gibt Seminare, unterrichtet Yoga, hält Lesungen und Vorträge, die sich hauptsächlich mit Frauenkraft und Frauenweisheit beschäftigen. Sie lebt in der Nähe von München und in Portugal.
www.salamandra.de

Luisa Francia

Die *Macht* des Verborgenen

Wie das Versunkene, Vergessene, Verheimlichte unser Leben steuert

KNAUR.LEBEN

Besuchen Sie uns im Internet:
www.knaur-leben.de

Originalausgabe August 2024

Ein Imprint der Verlagsgruppe
Droemer Knaur GmbH & Co. KG, München

Covergestaltung: atelier-sanna.com
Coverabbildung: Luisa Francia
Illustrationen im Innenteil: Luisa Francia
Satz und Layout: Adobe InDesign im Verlag
Druck und Bindung: CPI books GmbH, Leck
ISBN 978-3-426-44870-0

2 4 5 3 1

zwischen erde und himmel
zwischen tag und nacht
tut sich ein spalt auf in eine andere wirklichkeit
die fledermaus fliegt hinüber und herüber
die zikade singt den roten faden
ich gehe verloren und finde mich wieder
die rinde der oliven-alten schmiegt sich an mich
die steine sind noch warm von der gnadenlosen sonne
drüben leuchtet das dorf
ratschen die frauen
kein mond kein wind kein regen
in der jenseitigen stille stolpert mein hirn

Inhalt

Vorwort:
Ein verborgener Text

Alles an diesem Buch ist ungewöhnlich. Ich fing an zu schreiben, ohne zu wissen, ob ein Verlag es drucken will. Ich schickte den Text an meine langjährige Lektorin und bekam einen Vertragsentwurf, den ich sogleich unterschrieb – normalerweise unterschreibe ich einen Vertrag erst, wenn ich den Text fertig geschrieben und einen Titelentwurf fertig habe. Ich bekam Anregungen, fing an zu feilen – und dann verschwand der Text. Ich war fassungslos. Obwohl ich ihn einmal auf einem USB-Stick und einmal im Laptop gespeichert hatte, war er einfach weg. Erst wurde mir schlecht, dann musste ich lachen: das Verborgene!

Ich habe die Angewohnheit, alle Phasen eines Buchs zu speichern, also hatte ich vier oder fünf Versionen des Buchs, nicht jedoch die letzte Fassung mit den neuen Kapiteln. Der Computer schrieb: »Die Macht des Verborgenen existiert nicht.«

Ich klappte ihn zu, entfernte mich vom Thema, fand es lustig und grausam, dass der Text einfach weg war, und machte das, was ich immer mache, wenn ich in einer Krise bin: Ich ging hinaus zu den alten Steinen, zu den Megalithplätzen, zu den Oliven- und Eichenbäumen.

Eine Freundin kam zu Besuch. Drei Tage lang erforschten wir die Schönheit der Alentejo-Landschaft, und ich entspannte mich. Weil ich plötzlich so locker war, fiel mir ein, dass ich den Stick, den ich suchte, wohl in meiner Handtasche in einem besonderen Fach aufbewahrt hatte. Und da war er, verborgen in einer Stofffalte der Tasche.

Ich schrieb weiter. Als ich den Text zum Verborgenen beendet hatte, wurde ich sehr krank. Es war in Portugal eiskalt, und ich lag mit Schüttelfrost im Bett. Sobald das Fieber gesunken war, fuhr ich ans Meer – und bekam meine ultimative Lektion über das Verborgene: Ich hatte ein Zimmer mit Balkon und Blick aufs Meer. Jeden Morgen machte ich genussvolle Atemübungen auf dem Balkon. Als ich an jenem Morgen zurück ins Zimmer kam, lag da so eine Art Wollknäuel am Boden. Gerade wollte ich es aufheben und wegwerfen, da sah ich, dass es sich bewegte. Ein sehr dünnes Bein streckte sich aus. Ich fotografierte das Knäuel, das, wie ich feststellte, eine Spinne war. Im Internet recherchierte ich sie und erschrak: eine *loxosceles reclusa*, eine Giftspinne, die in Portugal eigentlich gar nicht heimisch ist, aber vermutlich mit Obstkisten aus Südamerika eingeschleppt worden war.

Eigentlich habe ich ein gutes Verhältnis zu Spinnen. Sie verkörpern mein Lebensprinzip: Ich lasse mich fallen und spinne gleichzeitig den Faden, an dem ich hängen werde. Ich sagte zu der Spinne, dass ich schon ein wenig beunruhigt sei und es mir lieber wäre, wenn sie sich verstecken würde. Das tat sie umgehend. Sie schlüpfte hinter die Wandverkleidung. Ich bedankte mich. In meinem Internettagebuch beschrieb ich die Begegnung, worauf mir eine Frau Fotos von Bissen dieser Spinne schickte: Die Haut wird schwarz wie Teer, es kommt zu Nekrosen und im schlimmsten Fall müssen Körperteile amputiert werden. Ich war beunruhigt. Ich ging zur Wandverkleidung und sagte: »Ich mache nichts, ich wäre froh, wenn du auch nichts machen würdest.« Sie lugte hervor. Ich mache auch nichts, signalisierte sie mir. Und so war es. Sie blieb verborgen. Nichts passierte.

Es kann also auch gut sein, nicht alles ans Licht zu zerren. Doch das Verborgene braucht Urvertrauen.

Edisons Mutter

Thomas Alva Edison war erst kurz in der Grundschule, da kam er eines Tages mit einem Brief vom Schuldirektor nach Hause. Die Mutter, Nancy Elliot, öffnete den Brief und las dem Jungen vor:

(ich zitiere sinngemäß)

»Ihr Sohn ist ein Genie. Wir haben an unserer Schule keine Lehrer, von denen er etwas lernen könnte. Er soll deshalb nicht mehr in die Schule kommen, unterrichten Sie ihn selbst.«

Das tat sie. Aus Edison wurde ein weltberühmter Erfinder, u.a. erfand er den Phonographen (Schallaufnahme, Schallwiedergabe) und, wie alle Welt weiß, die Glühbirne, und er schuf in New York das erste öffentliche Elektrizitätsnetz.

Als seine Mutter schon lange tot war, räumte er einmal ihre restlichen Habseligkeiten aus. In einer Schublade fand er den Brief, den der Direktor ihr geschrieben hatte. Er öffnete ihn und las ihn: »Ihr Sohn ist schwachsinnig. Wir können ihm nichts beibringen und ihn nicht in der Schule behalten. Unterrichten Sie ihn selbst.«

Die Ohrfeige aus dem Universum

Die Nacht ist mild und klar. Ich liege auf einem flachen Felsen und schaue in den Himmel. Dunkelheit hat sich überall ausgebreitet. Seit es eine »Energiekrise« gibt, sind die Nächte wieder dunkel. Meine Augen wandern zu den leuchtenden Punkten am Himmel, den Sternbildern. Je länger ich schaue, desto mehr Sterne tauchen auf. Ich atme tief und genüsslich. Da ist das Gorgonenboot. Wie die Babylonier es nannten, weiß ich nicht, später wurde es zu Orion. Für mich ist es ein Boot, in dem die drei Gorgonen sitzen, Orions Keule ist mir ein Ruder. Sie rudern über den Styx, den Unterweltfluss, ins Land ohne Wiederkehr. Wer sie sieht, erstarrt. So heißt es im Mythos. Ich erstarre nicht. Ich sehe die Plejaden, das Siebengestirn. Ich betrachte das Sternbild so lange, bis ich neun Sterne sehe, und lasse den Blick weiterwandern zu Aldebaran, das ist mein Leitstern. Je länger ich schaue, desto bewusster wird mir die Tiefe des Weltalls. Die Sterne, die Sonnen hängen in einem unvorstellbar tiefen, dunklen Raum, der sich ausdehnt, je länger ich den Blick wandern lasse. Wir wissen nichts. Für alles, was WissenschaftlerInnen entdecken, entstehen Tausende neuer Fragen. Wir leben auf der Erde, als wäre alles geklärt. Wir arbeiten, wir lieben, wir haben vielleicht Kinder, wir haben eine tägliche Routine und manchmal Urlaub. Wir regen uns auf, wir trauern. Und die ganze Zeit werden wir von der Schwerkraft der Erde festgehalten, die sich rasend schnell um die eigene Achse und um die Sonne dreht. Katastrophen, Unglücke, Kriege – alles auf diesem kleinen Erdball mitten im Universum, von dem wir nichts wissen. Ich gehe in der universellen Nacht verloren.

Aus der Tiefe des Verborgenen steigen Erinnerungen auf, Bilder setzen sich im Hirn fest, hier eine Demütigung, dort ein Glücksgefühl. Die Geisterstimmen Verstorbener, die uns beeinflusst, kontrolliert oder geliebt haben. Im Hirn findet ein Rennen statt, hier weg, lieber dorthin, doch manche Bilder lassen sich nicht bannen, manche Erinnerungen rauben den Atem.

Wie können wir mit der Macht des Verborgenen, des Verbotenen, des Verdrängten, des Nichtgewussten, des Vergessenen, des Verleugneten umgehen? Warum ist das Verborgene oft so mächtig, dass wir Durchfall oder Schweißausbrüche bekommen? Warum ist es so wirksam, obwohl es doch gar nicht greifbar ist? Da haben wir auch schon das Problem: Wir denken, dass nur das Sichtbare, Greifbare wirklich ist. Für alles andere haben wir die Religion, den Psychiater, die Wahrsagerin.

Doch ist die materielle Wirklichkeit nur das Fragment der vielschichtigen Wirklichkeit, ist nur das, was wir ganz klar benennen, sehen, beweisen können. Scheinbar jedenfalls.

Für das Nichtsichtbare gibt es Spielregeln: Das bildest du dir ein! Du spinnst ja! Das gibt es nicht!

Hunde verblüffen Menschen immer wieder damit, dass sie auf Geisterstimmen oder Geistererscheinungen reagieren, obwohl die Menschen gar nichts wahrnehmen. Der Hund einer Freundin schaute sich auf einem Spaziergang immer wieder ängstlich um, jaulte auf, zeigte alle Symptome von »Verfolgungswahn«, so nennen wir das jedenfalls, wenn es bei Menschen vorkommt. Ich sagte zu der Freundin: »Versuch doch mal im Beisein des Hundes, den Geist zu bannen, also fortzuschicken.«

Es funktionierte – der Hund war dankbar.

Die Macht des Verborgenen, das Versunkene, Vergessene, Verheimlichte, Nichtgewusste steuert und manipuliert uns, ohne dass wir uns dessen bewusst werden. Wir können im Alltag kaum jemals entwirren, welche Lügen und Heimlichkeiten unsere Gefühle beeinflussen, weil wir diesen unendlich tiefen verborgenen Bereich nicht kennen.

Wir wissen nichts darüber, wie unser Körper täglich funktioniert, was im Schlaf passiert, warum der Körper weitermacht, obwohl wir selbst doch schlafen und sozusagen ausgeschaltet sind. Was treibt uns? Was motiviert uns? Was macht uns krank? Was heilt uns?

Es gibt viele tolle Theorien darüber, doch bleibt die Tatsache, dass wir krank werden, ohne zu wissen, warum; dass wir glücklich sind, ohne die Anlegestellen zu kennen, an denen Glücksimpulse andocken oder von denen sie ausgelöst werden. Wir wissen nicht mal, warum die Evolution das Lachen hervorgebracht hat, das uns so guttut. Und all das, obwohl wir doch im Körper leben. Wir verhalten uns auf der Erde, als wären wir ihre Besitzer, als wüssten wir auch nur das Geringste über ihre Beziehung zum Universum, zu anderen Planeten, zu uns selbst.

Wir wissen nichts, wir tappen im Dunkeln und sind jeweils überrascht, wenn ein Unglück, ein Wirbelsturm, eine Hitzewelle, eine Dürre am Horizont unseres ahnungslosen kleinen Lebens erscheint.

Was treibt uns, ärgert uns, freut uns, zwingt uns zu rätselhaften Handlungen. Warum? Und vor allem: Wie manifestiert es sich?

Steinmeditation

Du kannst auf einem Felsen liegen oder einen Stein in beiden Händen halten. Für die Steinmeditation eignet sich auch ein Schmuckstein. Es sollte aber kein geschliffener oder gar lackierter Stein sein. Auf jeden Fall ist es wichtig, dass du dich beschützt fühlst.

Schließ die Augen und fühle in deine Handflächen, die den Stein berühren. Lass jede Absicht los und beobachte einfach die Bewegung der Gedanken, die wie Wolken durch deinen Kopf ziehen.

Spür die Fingerspitzen, die womöglich zu vibrieren anfangen.

Lass dich in der Imagination in den Stein sinken, nimm wahr, wie sich das Innere des Steins anfühlt, ohne es selbst formen zu wollen.

Wenn du nichts wahrnimmst, lass einfach die Stille zu und atme sie in dich ein. Beende die Imagination mit tiefen, genüsslichen Atemzügen und schüttle zum Schluss den ganzen Körper.

Was ist in der Truhe?

Drei wilde Frauen baden nachts im See. Ein junger Bauer beobachtet sie heimlich. Als sie es bemerken, eilen sie zu ihren Kleidern. Zwei der Frauen können entkommen, doch die dritte findet ihre Kleider nicht. Der Bauer hat sie genommen. Jetzt muss sie mit ihm gehen. Sie lebt mit ihm, bekommt eine Tochter. Er denkt, sie hat sich an das Leben mit ihm gewöhnt, ja, er denkt sogar, es gefällt ihr.

Sie denkt nur daran, wie sie wieder an ihre Kleider kommen kann, denn wenn sie ihre ursprünglichen magischen Kleidungsstücke wiederhat, kann sie fliehen. Jeden Tag, wenn er auf dem Feld ist, sucht sie ihre Kleider. Sie begreift, dass sie in der Truhe sein müssen, denn die ist abgeschlossen. Er fühlt sich so sicher – obwohl er diese Frau ja praktisch gekidnappt hat –, dass er eines Tages vergisst, die Truhe abzuschließen. Die Frau findet die Kleider, zieht sie an, nimmt ihr Kind und ist weg.

Wenn wir dieses Märchen übersetzen, dann nimmt der Mann der Frau mit der Kleidung ihre Selbstbestimmung, ihre ureigene Kraft, ihre Freiheit und ihren Blick auf die Welt. Das ist der Kern patriarchaler Macht: Der Frau wird ihr Eigenes genommen, sie wird unterworfen und soll das auch noch toll finden.

Deshalb ist es wichtig, dass sie ihre eigenen Kleider findet, zur Selbstbestimmung zurückfindet und eigenmächtig lebt. Es gilt, die patriarchalen Strukturen zu erkennen, egal ob verborgen oder offensichtlich, und ihnen mit dem Recht der eigenen Entfaltung zu begegnen.

In Märchen und Mythen geht es oft um das Verborgene, das Versteckte, das Geheime. Denn das ist der Motor des Sichtbaren und Greifbaren.

Rumpelstilzchen hat der jungen Müllerstochter geholfen, Stroh zu Gold zu spinnen, also ein Problem zu lösen, doch dafür muss das erste Kind geopfert werden. Die Müllerstochter, die mit Tricks den Prinzen geangelt hat, ist nun in einer noch größeren Not, denn es geht um ihr Kind. Sie muss den Namen des Waldgeists finden oder ihr Kind hergeben. Ach, wie gut, dass niemand weiß … Der geheime Name muss gefunden werden. Und wer den Namen kennt, hat Macht über die Person.

Das kannst du selbst ausprobieren: Rufst du auf einem belebten Platz »Hans!«, werden sich alle umdrehen, die Hans heißen.

Ich habe mich jahrelang – und es passiert mir sogar manchmal jetzt noch – umgedreht, wenn ein Kind »Mama!« gerufen hat. Wenn du den Namen kennst, das geheime Wort, den Code, dann öffnet sich eine verborgene Welt.

Besonders schön finde ich Hauffs Märchen vom »Kalif Storch« und das Zauberwort Mutabor! Der Kalif und sein Freund finden heraus, wie sie sich in Störche verwandeln können. Das Wort, das den Normalzustand wiederherstellt, ist einfach: Mutabor. Wie kann man es nur vergessen! Mutabor! Und doch. Die beiden müssen lachen, weil sich die Störche so drollig unterhalten, und da passiert's, das Wort ist weg.

Wer kennt nicht die Situation, in der etwas ganz Selbstverständliches, Bekanntes ins Vergessen fällt. Das gibt's doch nicht. Es liegt mir auf der Zunge. Gerade wusste ich es noch. Der Stress, ich muss mich doch erinnern können. Bin ich schon dement? Warum fällt mir das jetzt nicht ein!

Wie war das mit dem süßen Brei? Ein armes Mädchen bekommt von einer Zauberin im Wald ein magisches Töpfchen. Dazu einen Zauberspruch, mit dem das Töpfchen Hirse kocht, und den Code dafür, dass es aufhört. »Töpfchen koch!« Und da kocht der Hirsebrei, und alle haben zu essen. »Töpfchen steh!« Es ist genug.

Eines Tages ist das Mädchen fort, und die Mutter denkt sich: Das kann ich auch. »Töpfchen koch!« Doch wie war jetzt der Befehl, dass es aufhört? Die Mutter zerbricht sich sozusagen den Kopf, es will ihr nicht einfallen. Das Töpfchen kocht derweil munter weiter, der Hirsebrei fließt dahin und bedeckt schon den

Boden, den Garten, den Wald. Die Person, der der Zauberspruch nicht gegeben wurde, kann den Brei nicht stoppen. Es ist nicht zufällig Hirsebrei, den die Zauberin dem Kind gibt. Hirse ist Hirnnahrung, Hirse informiert den Körper, ist magische Substanz. Damit soll nicht manipuliert werden.

Ist es nicht ein bisschen wie mit den Codes, mit den Geheimwörtern, die Computer, Bankkonten, Dokumente, das Telefon, die Eingangstür sichern sollen? Wehe, wenn sie vergessen werden.

Goethes Zauberlehrling kann zwar den Zauberspruch, um das Wasser fließen zu lassen, da er zu faul ist, es selbst mit Eimern zu holen, doch er kann den Strom nicht mehr stoppen. Erst der Zauberer, sein Lehrer, kann ihn aus diesem Dilemma befreien.

Im Märchen »Die Gänsemagd« gibt die Königin der Tochter ein Tuch mit drei Blutstropfen von ihr, das sie schützen soll. Die Prinzessin ist auf dem Weg zu ihrem Bräutigam, verbirgt es unter ihrem Kleid, doch als sie aus dem Fluss Wasser trinkt, fällt das Tuch heraus. Die Magd nimmt es an sich und hat fortan Macht über die Prinzessin.

Was wir aus diesem Märchen lernen können: Verlass dich nie auf den Schutz, den andere dir geben wollen. Lerne, dich selbst zu schützen, denn irgendwann kommt alles Verborgene ans Licht, wird jede geheime Handlung publik. Die Sonne bringt es an den Tag! Fang an, deiner Intuition zu trauen. Lerne, selbst wieder die Zeichen und Ereignisse zu lesen und zu verstehen, anstatt darauf zu warten, dass irgendeine Expertenperson dir sagt, was du tun sollst.

Edgar Allan Poe hat das auf grausige Art in seiner Geschichte »Das verräterische Herz – The Tell-Tale Heart« beschrieben. Ein Mann ist fasziniert von einem Alten, der nur ein Auge hat, ein grässliches Auge. Er will den Alten umbringen. Solange er das Auge geschlossen hat, kann er ihn aber nicht töten. Als er es öffnet, bringt er ihn um und verscharrt ihn unter dem Fußboden in dessen Haus, in das er nun selbst einzieht. Doch dann fängt das Herz des Ermordeten im Kopf des Mörders an zu schlagen. Es pocht aus der Tiefe und pocht in seinem Kopf und treibt ihn zum Wahnsinn.

Nichts bleibt für immer verborgen. Auch wenn Geheimnisse bewahrt werden, wenn das Schlimmste, das Furchtbarste nicht gestanden wird: Es bleibt Teil des Menschen, der es angerichtet hat. Wie mit einer unsichtbaren Nabelschnur bleibt jeder Fluch, jedes Verbrechen, jede Zerstörung mit dem Verbrecher, dem Zerstörer verbunden, schleicht sich in die Träume, diktiert jetzt das Leben. Die Tat schlägt den Täter. Der Fluch entfaltet sich in der fluchenden Person.

Wunschritual

Da, wo ich in Portugal lebe, gibt es einen Wunschstein, einen riesigen alten Sandsteinfelsen. Man wirft ein Steinchen hinauf, wenn es liegen bleibt, geht der Wunsch in Erfüllung, doch man darf nicht darüber sprechen. Wünsche soll man nicht laut aussprechen. Warum? Kaum gesprochen, werden sie vielleicht angegriffen von Menschen/Kräften, die diese Wünsche boykottieren wollen. Wenn man also Wünsche aufschreibt oder in ein Steinchen spricht, behält man das alles für sich. Wünsche werden so knapp wie möglich formuliert, möglichst wenig Füllworte oder umständliches Umkreisen des Wesentlichen. Wünsche werden immer positiv formuliert. Also nicht »schön wäre, wenn« oder »ich hätte gern«, sondern einfach das Wort, um das es geht.

Man schreibt entweder allein oder im Kreis mit anderen, die sich etwas wünschen wollen, einen Wunsch auf einen Zettel und faltet ihn.

Man sollte immer nur einen Wunsch aufschreiben, das ist klarer und hat mehr Kraft, wenn man sich auf eine Sache konzentriert. Das Ritual kann für einen anderen Wunsch später wiederholt werden.

Wenn das Wunschritual im Kreis mit anderen gefeiert wird, legen alle ihre gefalteten Zettel, auf denen außen der Name steht, in die Kreismitte.

Macht man es allein, faltet man den Zettel und behält ihn in der Hand.

Jetzt werden die Wünsche bekräftigt mit wohltuenden Sprüchen oder Worten: »Mut! Vorfreude! Gelingen!« Oder: »Ich gebe die Kraft der Sterne dazu!« etc.
Das Ritual kann mit »So sei es!« beendet werden. Dann wird die Mitte aufgelöst, wenn mehrere teilgenommen haben.

geben sie jetzt ihre geheimnummer ein
sie haben noch zwei versuche
verdammt
wie war noch mal die geheimnummer des kontos
die nummer der kreditkarte
der code ins internet
der code für den hauseingang im hotel
ich hab da fünf nummern stehen
wofür sind die?
gefangen im netz der 10 ziffern und 26 buchstaben
bin ich jetzt ohne codes und nummern verloren?

Auf der anderen Seite der Haaresbreite

Mitten in der Nacht wachte ich lachend aus einem Traum auf: Ich lag im Sterbebett und lachte, krümmte mich vor Lachen, es war so unglaublich lustig, ich sterbe und kann nicht aufhören zu lachen. Jemand sagte: »Also hör doch auf, das ist doch pietätlos.« Da musste ich noch mehr lachen, es war doch mein eigener Tod, über den ich so lachen musste. Ich wachte auf. Mein erster Gedanke war: So möchte ich gern sterben. Lachend.

Es gibt viele Möglichkeiten, sich die Angst vor dem Sterben schönzureden. Gerade ist wieder eins meiner Jugendidole »friedlich im Kreis der Familie entschlafen«. Friedlich entschlafen. Ich war bei einigen Freundinnen, bei meiner Oma, bei meiner Mutter am Sterbebett. Von friedlich keine Spur. Während der Geist vielleicht schon längst losgelassen hat, wehrt sich der Körper mit allen Mitteln. Der Körper will leben. Und wir wissen nicht, was auf der anderen Seite der Haaresbreite geschieht. Werden wir, wie eine Freundin meiner Mutter überzeugt sagte, im Körper wiederauferstehen und alle Menschen treffen, die wir geliebt haben? In dem verfaulten Körper aus dem Grab steigen? Na, hoffentlich nicht! Werden wir uns reinkarnieren und, wenn ja, wie? Auch diese Möglichkeit, die immerhin sehr viele Menschen für denkbar halten, ziehe ich nicht in Erwägung. Wir leben in der Erinnerung der Menschen weiter, die uns lieben, ja, für eine Weile, das kann sein. Unser Geist vereint sich mit dem großen Nichts im Universum – schon eher. Wahr ist aber: Wir wissen es nicht. Denn vom Tod ist noch niemand zurückgekehrt.

Ich war nach einem schweren Unfall fast tot. Aber eben nur fast. Die Bilder meines Lebens rasten nicht an mir vorbei. Ich hörte keine Musik und sah auch kein Licht. Ich sah jedoch den Ort des Unfalls von oben. An diesem Punkt ahnte ich, dass ich mich anstrengen musste, um wieder ganz zurück in mein Leben zu gelangen. Es fühlte sich an, als müsste ich in ein viel zu enges Kleid hineinfahren. Sehr schmerzhaft. Sehr unangenehm. Und weil ich es überlebt habe, kann ich nicht sagen, wie es ist, zu sterben. Es ist das ganz große Rätsel, das uns für immer verborgen bleiben wird – jedenfalls solange wir leben.

Und mit diesem Verborgenen wird natürlich sehr viel Geld gemacht, weil niemand überprüfen kann, ob die WahrsagerInnen auch nur die geringste Ahnung haben, wenn sie ihre Bilder vom Jenseits und von geliebten Menschen darin entwerfen. Das hindert die Trauernden nicht daran, Geld dafür zu bezahlen, wenigstens eine Illusion des Lebens nach dem Tod zu erwischen. Wer sich für solche »Beratungen« entscheidet, wird nicht das Verborgene entdecken, sondern die eigene Hoffnung gespiegelt bekommen. Das geht natürlich auch billiger.

Als eine Freundin bei einem Autounfall starb, saßen wir trauernden Freundinnen in ihrer Wohnung zusammen und sprachen über sie. Ein großer Spiegel, ihr Lieblingsspiegel im Flur, fiel krachend von der Wand und zerbrach in viele Stücke.

Nach dem Tod meiner Freundin Annamirl wurde im Gartenrestaurant das Sommerfest vorbereitet. Sie hatte dieses Sommerfest des Restaurants immer gehasst. Die vielen Menschen, der Suff, das Chaos, die laute Musik … Als alles aufgebaut war, der Grill angeworfen, die Sonnenschirme aufgespannt, kam plötzlich aus heiterem, wolkenlosem Himmel ein so heftiger Windstoß, dass der Grill umfiel und ein Brand gelöscht werden musste, die Schirme flogen davon, Tische, Bänke fielen um. Und ein allgemeiner Aufschrei löste dann wildes Gelächter aus: »Das war die Annamirl.«

Viele meiner Freundinnen sprechen mit ihren verstorbenen Müttern oder Großmüttern, holen sich Rat bei verstorbenen Vätern. Und doch, so plausibel es scheint – wir wissen nichts. Wir haben keine Ahnung, ob es tatsächlich so etwas wie eine geistige Verbindung ins Jenseits gibt.

Ist es wichtig, ob wir Beweise dafür haben? Ich finde

nicht. Denn wenn ich mich verbunden fühle, bestärkt mich das. Ich baue sozusagen eine Verbindung auf, die sich gut anfühlt. Wie ein Ferngespräch, das nicht immer gleich gut zu hören ist.

Wie könnte es sein, in Frieden zu ruhen? Die Voraussetzung dafür ist sicher, dass wir unser Leben auch wirklich leben und nicht Verantwortung und Entschlossenheit abgeben, um anderen einen Gefallen zu tun. Ein gutes Gewissen ist das beste Ruhekissen, heißt es in einem Sprichwort.

Das dürfte gerade für Frauen mit Kindern besonders kompliziert sein. Irgendwas kommt immer zu kurz, die Arbeit, die Kinder, aber auf jeden Fall die Frau und ihre Bedürfnisse. Es ist bestimmt ein gutes Gefühl, im Sterbebett zu wissen: Ich habe nichts versäumt! Was ich machen wollte, was ich ausleben wollte, was ich bewirken wollte, habe ich bewirkt. Der Tod schließt es ab. Was danach kommt, könnte friedlich und still sein.

Meistens werden jedoch – und ich weiß, dass das keine populäre Erkenntnis ist – Frieden und Stille durch Morphium hergestellt. Denn der Körper kämpft. Dass das Sterben oft idealisiert wird, hat natürlich damit zu tun, dass es uns beruhigt, uns vorzustellen, dass ein friedliches Hinübergleiten möglich ist.

»Selig in den Armen der Göttin« steht auf einem Grabstein in Münsing am Starnberger See. Die Vorstellung gefällt mir. Die Tödin, die ihre Arme ausbreitet und Sterbende empfängt. Es gibt Sterbeammen, die den Tod spirituell begleiten und die Vision einer Göttin möglich machen.

Wer auch im Leben loslassen kann, sich nicht mit allem belastet, was Alltag, Politik, Familie liefern, wird sich leichter tun mit der Hingabe an das Unvermeidliche, das Sterben.

In Trancen gehen wir in die verborgenen Räume, die uns im täglichen Ablauf nicht präsent und nicht zugänglich sind. Stille. Tiefer Atem. Ins Verborgene sinken. Mit dem Atem in die anderen Wirklichkeitsebenen fliegen. Zugleich sehr weit weg und sehr präsent im Körper. Die Wahrnehmung richtet sich jetzt auf andere Ebenen. Auf die Sprache der Wolken, auf den Atem der Erde, auf die kaum hörbare Musik des Universums. Wie ein Hologramm setzt sich das Verborgene in immer neuen Facetten und Tönen zu einem immer klareren Bild zusammen. Hier entsteht die Wirklichkeit. Hier wird alles geträumt, was sich materialisieren wird.

In die Stille sinken

Wenn wir auf Wasser blicken, werden wir ruhig – vielleicht ist es die Urerinnerung an das Wasser, das Fruchtwasser, aus dem wir geboren wurden. Deshalb ist es beruhigend, besänftigend, erfrischend, erfreulich, am Wasser zu sitzen und still zu werden.
Es muss keine Meditation sein. Such dir einen schönen, ungestörten Platz am Wasser, es kann ein Fluss, ein See, ein Weiher oder ein Bach sein. »Bacherl sitzen« nannte die Künstlerin und Yoruba-Priesterin Susanne Wenger dieses Stillwerden. Lass zu, dass das Wasser deine inneren Schleusen öffnet, deine Wasserströme in Bewegung bringt und dich heilt.

Geheime Informationen

Es war Stierkampftag. Genau genommen: Kuhkampf. Ein Areal war mit Gittern abgezäunt, es gab eine Bierbude und Fartura, das allseits beliebte Schmalzgebäck. Aus einem Autoanhänger wurde eine Kuh in die »Arena« getrieben. Sie blieb stehen und schaute sich um. Sie wirkte total desinteressiert. Jetzt kamen die kleinen Buben und wollten sie provozieren, nahmen all ihren Mut zusammen und wedelten mit Jacken und Tüchern. Die Kuh blieb unbeeindruckt. Geduldig ließ sie das Gezappel der Kinder über sich ergehen.

Da stieg ein Mann übers Gitter. Er brüstete sich, ein ganz besonderes Verhältnis zu Kühen zu haben.

»Kühe lieben mich«, sagte er. Er schritt auf die Kuh zu. Sie wandte ihm den Kopf zu. Er streckte beide Arme zu ihr aus, als wollte er sie segnen. Die Spannung im Publikum stieg. Plötzlich rannte die Kuh auf ihn zu, senkte den Kopf, hob ihn mit den Hörnern auf und schleuderte ihn durch die Luft. Danach war sie wieder ganz ruhig. Das Publikum schrie vor Schreck auf. Nie hatte eine Kuh das je zuvor getan. Der Mann wurde von der Ambulanz ins Krankenhaus gebracht.

Warum reagierte die Kuh so heftig auf ihn, wo sie doch das Schreien und Springen und Provozieren der Buben seelenruhig ignoriert hatte?

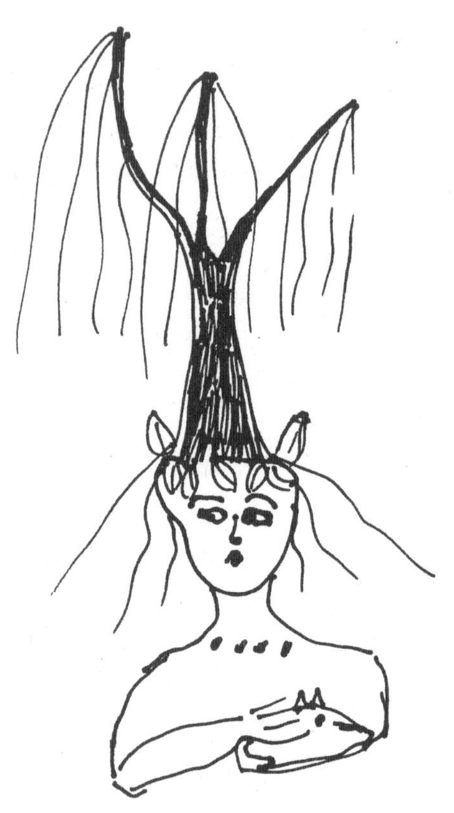

Pheromone. Die nicht wahrnehmbare Kommunikation zwischen Menschen, Tieren, Pflanzen. Wir können »so tun, als ob«, aber die Pheromone sagen etwas anderes. Sie sagen: »Angst! Aggression! Gewalt ist im Spiel.«

Offensichtlich hatte die Kuh den Mann so wahrgenommen, wie er sich in der Gesellschaft eingebracht hatte: rücksichtslos, arrogant, angeberisch, gewaltbereit.

Wir können Pheromone nicht beeinflussen. Wenn ich vor einem Hund Angst habe, kann ich nicht so tun, als wäre es nicht so. Der Hund ist verunsichert, er spürt die Angst, die widersprüchliche Pheromonbotschaft, und knurrt, bellt oder beißt vielleicht sogar, um sich von der Belastung zu befreien.

Pheromone – und mehr noch die kleinen Völker im Körper, von denen wir ja auch keine Ahnung haben – determinieren unsere Verbindung zu anderen Menschen mehr als unsere sehr persönlich empfundenen Sympathien oder Antipathien. Wir denken, wir können jemanden nicht leiden, doch in Wirklichkeit verstehen sich die kleinen Völker in unserem Körper nicht mit den kleinen Völkern im Körper des Gegenübers.

Forscher der ETH Zürich haben herausgefunden, dass die Viren, Bakterien und Botenstoffe, diese Mikrolebewesen, BewohnerInnen unseres Korperuniversums, wesentlich mehr Einfluss auf unsere Befindlichkeit, auf Abneigungen und Vorlieben haben, als uns bewusst ist. Sie stellen die Verbindung zwischen Darm und Hirn her – und mittlerweile ist ja auch bekannt, wie ähnlich die Darmwindungen den Hirnwindungen sind, wie Kleinstlebewesen und Mikroorganismen wie Serotonin und Melatonin zwischen Hirn und Darm wandern und unsere Stimmungen, unseren Schlaf beeinflussen. Faszinierend.

Wir haben gar nicht so viel Kontrolle über unser Leben, unsere Vorlieben, unsere Ambivalenzen, wie wir denken. Da läuft ein geheimes Programm, das ganz eigenständig Tatsachen schafft, von denen wir denken, dass es unsere Entscheidungen sind.

Wer ist das überhaupt: ich? Das scheint ja nicht so ein Geheimnis zu sein. Und doch leben wir in einem höchst komplexen Körper/Geist-Universum, wie ein Kind, das auf einem Steinway-Flügel den Flohwalzer spielt. Wir bewältigen den Alltag, der mal angenehm, mal bedrohlich, mal anstrengend ist, ohne wirklich zu wissen, wie wir das tun. Der Atem fließt, die Hirn-Darm-Verbindung ist aktiv, die Flüssigkeiten werden durch den Körper geleitet, ohne dass wir Kontrolle darüber haben. Wenn es eine Störung gibt, gehen wir zu ÄrztInnen oder HeilerInnen, die uns sagen sollen, was zu tun ist.

Obwohl wir selbst im Körper leben, bleibt uns verborgen, wie Hindernisse entstehen, warum wir hier oder da Schmerzen haben oder was sich womöglich im geheimnisvollen Körper-Raum bedrohlich verändert. Es gibt natürlich Erkenntnisse, die uns helfen können, »besser« zu leben und guten Einfluss auf die Körpervorgänge zu nehmen. Wir wissen, dass der Körper Flüssigkeit braucht, um nicht krank zu werden, und dass gesunde Nahrung alle Vorgänge im Körper unterstützt. Wir wissen, dass Alkohol und Nikotin den Körper schädigen. Und doch ... Es gibt Menschen, die viel zu viel trinken, Drogen konsumieren, ihren Körper extrem belasten und die uralt werden. Meine Tante, Kettenraucherin seit ihrem vierzehnten Lebensjahr, wurde immerhin 84 Jahre alt, eigentlich ein medizinisches Wunder, wie der Arzt zugeben musste, der sie an ihrem Lebensende untersuchte.

Es geht also um mehr als nur die Körpermaterie. Es geht um die geheimnisvolle Essenz, um die Energie, die alles zusammenhält. Diese Energie nährt sich aus der Verbindung zum unbekannten universellen Ganzen.

Dankbarkeitsritual

Ich danke der Erde, dass sie mich trägt,
ich danke meinem Körper, dass er meinen Geist erträgt,
auch wenn der absurde Gedanken und Pläne auswirft,
ich danke den Pflanzen, dass sie bereit sind, mich zu nähren,
ich danke dem Universum, dass ich immer noch etwas zu lachen habe.
Dankbarkeit ist der Strom, der mich durchs Leben begleitet.

Aufbruch ins Vergessen

»Haben Sie die Arbeit bekommen?«, fragte die demente Mutter freundlich ihren Sohn, der sie besuchte. Nachdem er die anderen Male, als er sie besucht hatte, immer versucht hatte, den Irrtum zu korrigieren, war er jetzt ganz bei ihr. »Ja«, antwortete er, »eine schöne Arbeit, nicht zu schwer.« Sie war zufrieden. Sie erkannte ihn nicht. Er war nicht ihr Lieblingssohn gewesen. So war es eigentlich stimmig, dass sie ihn siezte.

Die Mutter einer Freundin rief erfreut aus: »Wer ist denn der hübsche Mann, der mich da besuchen kommt?« Und meinte damit meine Freundin. Sie hatte sich immer einen Sohn gewünscht und vier Töchter bekommen. Auch bei ihr schien die Demenz etwas zu korrigieren, was sie selbst schon längst gern korrigiert hätte. Das ist für die Töchter natürlich schmerzhaft, denn sie existieren im Universum der Mutter nicht mehr.

Ich lebte auf dem Land zwei Jahre lang mit einer dementen Tante. Ihre Nichten und Neffen hatten sie gehasst, weil sie starrsinnig, religiös wahnhaft und sehr streng zu den Kindern war. Die mussten zum Beispiel am Küchentisch sitzen bleiben, bis sie die grässliche Graupensuppe gegessen hatten, die, mittlerweile kalt, Brechreiz bei den Kindern hervorrief. Keine Gnade.

Kein Humor. Es kam vor, dass die Tante nachts an mein Bett kam und mich mit ihrem Spazierstock schlug, weil sie mich für eine Einbrecherin hielt.

Sie sah in dem leeren Sessel eine Gestalt sitzen, und die Farbeimer hinter der Tür im Flur hielt sie für Kinder, die sie ermutigte, näher zu kommen. Obwohl sie früher sehr bigott war, wurde sie jetzt direkt frivol, schwenkte ihre Unterhose am rechten Zeigefinger und rief: »Ich geh jetzt in die Kirche.« Sie ließ sich von mir abhalten durch das einleuchtende Argument, dass die Kirche nachts zugesperrt ist. »Und schau«, sagte ich und knipste das Licht aus, »es ist Nacht.«

Das Interessanteste, das mich über Demenz neu nachdenken ließ, war ihr verzweifelter Ruf nach Marie. Wenn ich fragte, wer das sei, sagte sie: »Mein Kind. Das haben sie mir weggenommen.«

Zuerst dachte ich, dass das eine Art Wahn von ihr sei. Doch als wir Briefe und Tagebücher fanden, stellte sich heraus, dass sie, die ihren Eltern im Wirtshaus helfen musste und deshalb nicht heiraten durfte, einmal etwa fünf Monate lang »ausgelagert« worden war. Weggeschickt. Vermutlich bis zur Geburt. Das Kind wurde »weggegeben«, es gab ein Dokument darüber in ihren Unterlagen. Tragisch. Sie erkannte niemanden in ihrer Familie mehr, erinnerte sich aber an die Tochter, die ihr gestohlen worden war.

Die beste Freundin meiner Mutter – sie hatten ein

halbes Leben zusammen verbracht, meine Mutter geschieden, sie ledig und uns Kindern liebevoll zugetan – wurde rätselhafterweise immer vergesslicher. Sie lebte gesund, hatte nie geraucht, vertrug keinen Alkohol und ging immer früh ins Bett. Irgendwann erkannte auch sie ihre Familie nicht mehr. Das Einzige, was sie noch wusste, war die Telefonnummer meiner Mutter, und die rief sie zwanzig, dreißig Mal am Tag an: »Trudl, wie geht's dir?«

Auch einige meiner Freundinnen und Freunde sind ins Vergessen gewandert. Vergeblich versuche ich, einen gemeinsamen Nenner zu finden. Sie sind unterschiedlich alt, drei Freundinnen lebten und leben vegetarisch, sehr gesund, wanderten im Gebirge, hielten sich viel an der frischen Luft auf. Ein Freund, Nierenspezialist, schlemmt gern und trank und trinkt gern Wein.

Keine meiner dementen FreundInnen hat geraucht. Und doch landen alle in dieser uns unbekannten Welt, die für manche bedrohlich, für manche vergnüglich ist. Friedfertige Frauen fangen unvermittelt zu streiten an, werden sogar aggressiv. Die Großmutter einer Freundin schnappte sich einen Besen und schlug die Gäste, die zum Essen kamen. Ich gebe zu, dass ich darüber lachen musste, denn womöglich ist das einfach eine sehr ehrliche Reaktion auf empfundene Störung.

Wie auch im Traumland, in dem sich Menschen nicht treffen, weil jede und jeder ein ureigenes Traumland hat, gehen nicht alle Menschen in dieselbe Welt, wenn sie die Verbindung zur »normalen« Welt verlieren. Es wäre tröstlich, wenn man sich vorstellen könnte, dass sich in dieser unbekannten Welt alle treffen, die aus der sogenannten Realität abtauchen.

Interessant ist jedoch, was sie zusammenführt: In einem Pflegeheim hatte eine Praktikantin die Idee, die im Kreis sitzenden PatientInnen mit Liedern und Musik zu erfreuen. Kinderlieder wurden gesungen, der Rhythmus wurde mitgeklatscht und -gestampft. Es spielte gar keine Rolle, ob man sich erinnerte oder wie sehr man in der Realität verankert war oder eben nicht.

Womöglich ist auch der Ansatz falsch, dass wir es messen, korrigieren, heilen wollen, was ganz offensichtlich nicht funktioniert. Doch wir können über diese unbekannte Welt etwas lernen, in der es nicht um Leistung, um Anpassung, ja eben gar nicht mehr um Anpassung geht. In der eine Art närrische Freiheit die Vernunft verdrängt und nun die Wirklichkeit fragmentiert und neu zusammensetzt – oder nicht.

Wir müssen aus unseren zum Teil wirklich sehr absurden Vorstellungen von Normalität endlich aussteigen und das Potenzial in jeder Lebenssituation in jedem scheinbaren Mangel wahrnehmen. Wenn wir aufhören, die Schubladen aufzureißen, in die wir das

Nichtnormale stecken wollen, öffnet sich eine Welt der Fantasie und der Heiterkeit, ja, das Narrenkastl, in dem alles möglich und alles akzeptabel wird.

Wir können doch nicht wirklich die »Normalität«, die uns auferlegt wird und die unvorstellbar zerstörerisch ist, als Lebensgrundlage akzeptieren. Diese Normalität hat Zerstörung, Ausrottung, Kriege hervorgebracht – lassen wir das Närrische zu! Werden wir wieder närrisch!

An einem Tag einmal alles ganz anders machen

- Frühstücken, was noch nie zum Frühstück gegessen wurde.
- An einen Ort gehen oder fahren, an dem du noch nie warst.
- Aus den Autonummernschilder Orakel bilden.
- Dich in deinem Land wie eine Ausländerin/ein Ausländer bewegen.
- Zu einer Zeit schlafen gehen, zu der du noch nie im Bett warst.
- In der Nacht aufwachen und frühstücken.

… aber du darfst es nicht weitersagen

Am Hauptbahnhof in München verabschiedete sich ein junger Vater von seiner Frau und seinem kleinen Jungen. »Der Papa muss arbeiten«, erklärte die Mutter. Er stieg in den Zug nach Paris, in den ich auch einstieg. Zu meiner Überraschung erwartete ihn am Ostbahnhof in Paris eine Frau mit einem etwas älteren Jungen, der sich begeistert auf den Mann stürzte: »Papa!«

In Familien gibt es immer dunkle Ecken, verborgene Geschichten. Vielleicht nicht so krass wie bei diesem Mann mit den zwei Familien, doch »das geht niemanden etwas an« oder »das muss ja nicht gleich jeder wissen« wird gern einmal gemurmelt oder gezischt.

Geheimnisse zu bewahren ist eine schwere Last. Das Verborgene arbeitet und drückt, will raus und darf nicht.

Der Großvater einer Freundin auf dem Land verlor beim Kartenspiel sein Haus, also das Haus, in dem seine Familie lebte. Er konnte es nicht sagen. Ahnungslos kochte die Frau das Abendessen, gingen die Kinder ins Bett. Stumm trank er ein Bier. Am nächsten Morgen kam der neue Besitzer und forderte das Haus. Und da erst erfuhr die Frau, dass ihr Mann spielsüchtig war, schon lange Spielschulden angehäuft hatte und jetzt das Haus beim Spiel eingesetzt und verloren hatte.

Hätte er es nicht verschwiegen, wäre vielleicht etwas zu retten gewesen. Hätte! Wäre!

Viele wissen nicht, dass ihr Partner eine andere Frau, eine Geliebte, einen Geliebten hat, heimlich drogensüchtig ist, sich zu Orgien verabredet. Viele Familien bekommen nicht mit, dass die Mutter, der Vater alkoholkrank sind. Geheimnisse werden bewahrt, damit der Schein aufrechterhalten werden kann. Nach außen muss alles picobello sein. Die Kinder ordentlich angezogen, die Mutter immer frisch und munter, der Vater in der Arbeit – oder beide in der Arbeit. Niemand darf es wissen, dass die Verzweiflung schon am Tisch sitzt, dass es keinen Ausweg gibt, dass die Schulden schon alles weggefressen haben.

Ich verrate dir ein Geheimnis, aber du darfst es nicht weitersagen. So mächtig ist die Last, dass das Geheimnis weitergesagt werden muss, weil es einfach nicht mehr ertragen werden kann. Und doch lauert die Gefahr des Verrats, des sozialen Absturzes. Sag's nicht weiter! Doch, ich werde es weitersagen, denn genauso wenig, wie du es bewahren kannst, kann ich es.

Das stimmt natürlich so nicht immer. Ich bin zwar keine Therapeutin, aber in rund fünfzig Jahren Arbeit mit Frauen wurden mir viele Geheimnisse anvertraut, manchmal versehentlich, manchmal aus großer Not heraus. Und diese Geheimnisse habe ich nie weitererzählt. Wozu?

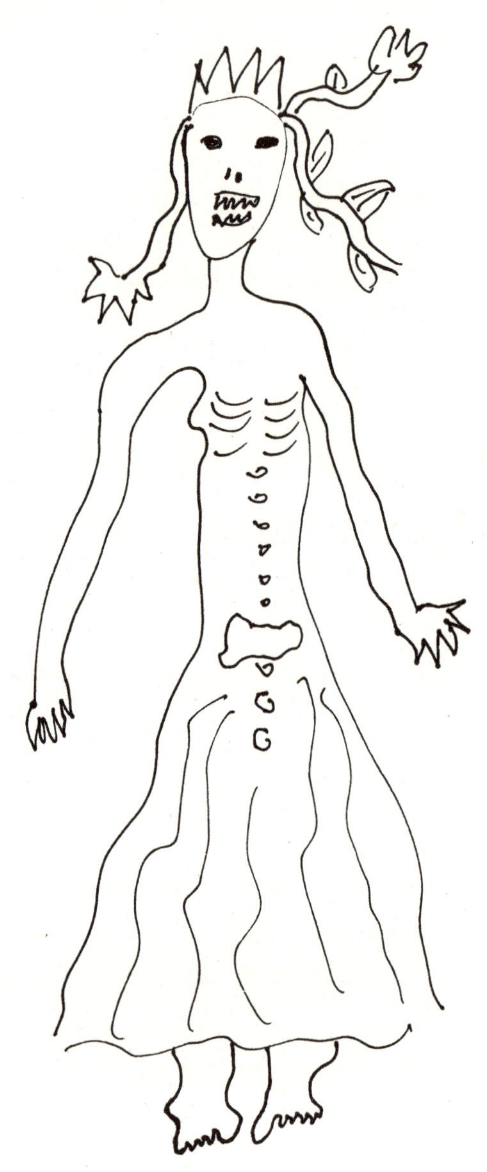

Wenn allerdings der konservative Bürgermeister eine junge Frau im Fasching sexuell bedrängte, ratschte ich es sofort weiter. Das war für mich kein Geheimnis, das es wert war, in der Tiefe des vorläufigen Verdrängens zu verschwinden. Die Frau wollte keine Anzeige erstatten, »da steht Aussage gegen Aussage«, meinte sie, und er ist natürlich der Bürgermeister.

So sammeln sich die dunklen Lasten im Untergrund des bürgerlichen Lebens und brodeln. Die Kriminalgeschichte ist voll von Verbrechen, die aus entdeckten, aufgetauchten, hervorgegrabenen Geheimnissen begangen wurden. Erpressung ist zu diesem Thema der Klassiker – wenn du nicht, dann ...

Kann man das Verborgene entschärfen? Ja. Auf jeden Fall. Es hilft, dazu zu stehen, dass man etwas Verwerfliches, etwas Peinliches, etwas Unentschuldbares getan hat. Das passiert doch vermutlich allen Menschen auf dieser Erde, denn Heilige gibt's nicht wirklich. Sogar ein sehr beliebter buddhistischer Lehrer, dem man nur das Allerbeste zutraute, stellte sich am Ende als Vergewaltiger heraus (viele wussten es, haben nichts gesagt und den »Heiligen« gedeckt!).

In der Kirche brach die Hölle los – jahrzehntelange sexuelle Übergriffe auf Kinder. Ermordete indigene Kinder. Da kommen so viel Schmutz und Gewalt zutage, das lässt sich nicht mehr so einfach verdrängen. Besonders infam ist die Gewalt an Kindern, die mit einer höheren Instanz, also Gott, gerechtfertigt wird. Wie soll sich ein Kind wehren?

Allerdings gibt es schon einen Ausweg. Ich habe als etwa zehnjähriges Mädchen Gott herausgefordert. Wenn er mich bei der Selbstbefriedigung erwischt, soll er mich töten. Er tötete mich nicht, da war mir klar, dass es ihn nicht gibt. Diese Scheininstanz, die durch nichts bewiesen werden kann, war mir kein Grübeln und keine Angst mehr wert.

Ein Buch, das sich geradezu rasend schnell verkaufte, war »Reserve« von Prinz Harry. Anscheinend wollten alle gern wissen, wie es bei Königs so zugeht.

Wer Hilary Mantels Trilogie über die Tudors gelesen hatte, wusste es bereits: brutal, herzlos, gierig, skrupellos. Wer Dianas Schicksal verfolgt hatte (wer wohl nicht), ahnte, dass sich da nicht viel geändert hatte. Sie wurde geheiratet, warf zwei Buben aus, und insgeheim pflegte ihr Angetrauter bereits wieder seine Beziehung zu seiner alten Liebe, die er nicht heiraten durfte, weil sie geschieden war. Dianas Demütigung bewegte die ganze Welt. Ich traf Menschen in Nepal, die alles über sie wussten. Ich sah Menschen in Afrika weinen, als Diana verunglückt war. Das Meer der verborgenen Gefühle und Handlungen flutete die Königsfamilie, als Harry keine Lust mehr hatte, das geheime Leben der Royals zu ertragen und zu verheimlichen.

Psychotherapie traf auf Stiff Upper Lip (never complain, never explain). Die Menschen lieben solche Geschichten. Das Verborgene kommt zum Vorschein.

»Die sind auch nicht glücklich«, sagte eine Frau zufrieden, als sie die Schlagzeilen in den Zeitungen am Kiosk sah.

»Aber war das jetzt wirklich nötig? Muss er seine Familie so vor den Kopf stoßen, in aller Öffentlichkeit?«, fragte ihre Freundin.

Ich finde: Ja. Raus mit der Sprache. Raus mit den Geheimnissen. Frische Luft.

Ritual der Belüftung des Verborgenen

Schreib deine tiefsten Geheimnisse auf ein Blatt Papier. Du kannst alles bemalen, dekorieren, du kannst Worte verwenden, die du nie aussprechen würdest. Mach dir das Geheime, das Verborgene bewusst.

Zeig es niemandem.

Dann machst du ein kleines Feuer, entweder im Herd, im Ofen, irgendwo im Freien, wenn das möglich ist, in einem Feuerkorb im Garten. Jetzt rufst du Kräfte, die du als Verbündete betrachtest, Kräuter, Tiere, Göttinnen, verstorbene Familienmitglieder, die du sehr geliebt hast. Bitte sie, dir diese Last abzunehmen. Verbrenn den Zettel, ohne noch einmal draufzuschauen.

Natürlich könntest du zum Belüften des Verborgenen auch eine Therapie in Betracht ziehen. Doch manchmal gibt es eine Scheu, einer anderen Person etwas anzuvertrauen, das sich monströs anfühlt. Ich habe in meiner Jugend sehr unter der Gewalt gelitten, die mein Vater mir angetan hat. Es war mir unmöglich, einem Therapeuten oder einer Therapeutin davon zu erzählen. Ich kaufte mir ein Tonbandgerät und sprach jeden Tag eine Stunde da drauf. Zuerst konnte ich gar nichts sagen. Nach einer Stunde stellte ich das Band ab und legte 80 Mark in eine Schachtel (das hätte eine Therapiestunde gekostet). Mit der Zeit floss alles aus mir heraus. Immer eine Stunde, 80 Mark. Als ich mich frei fühlte, vernichtete ich die Bänder und fuhr mit dem Geld nach Südfrankreich in die Ferien.

blinde flecken
tote winkel
dunkle räume
schwere träume
heimlichkeiten
alte zeiten
schlimme lügen
sich dennoch
in sicherheit wiegen

Verborgene Verbindungen

Wir wissen heute, dass die allgemeine Vorstellung von Pflanzen und Tieren, sogar von Steinen falsch war: Pflanzen wachsen aus der Erde und kommunizieren nicht. Tiere haben keine Gefühle, Steine sind tote Materie. Denn viele WissenschaftlerInnen haben herausgefunden, dass Pflanzen sehr wohl kommunizieren. Sie tun das mit Düften und mit Giften wie zum Beispiel Akazien, die mit Gasen Fressfeinde vertreiben und sogar ihre nahestehenden Freundinnen damit warnen. Andere Pflanzen locken mit Duftstoffen Insekten an. Bäume kommunizieren mit Wurzelwerk unter der Erde, manche wachsen eng zusammen und sind befreundet. Steine bestehen oft aus ursprünglich lebendiger Materie, die sich im Prozess der Fossilisation verdichtet hat.

Das ist für weise Frauen, für die sogenannten »Hexen«, für Einsiedler, Kräuterfrauen oder Menschen, die ein Leben lang mit Tieren leben, keine Überraschung. Denn die Kommunikation dieser Menschen beruht nicht auf Laboranalyse und daraus resultierenden Erkenntnissen, sondern auf den Botschaften der Intuition.

Natürlich kann die auch mal falsch sein, das können allerdings wissenschaftliche Erkenntnisse auch. Zum

Beispiel wurde es lang für unmöglich gehalten, dass Hunde träumen. Und jetzt zeigt sich, dass sogar Hühner träumen, weil ihre Augen im REM-Schlaf hin- und herwandern. Wer auf Instagram Tiervideos sieht, kommt aus dem Staunen nicht heraus. Da will eine Frau einem jungen Hund »Sitz« beibringen. Sie wiederholt es. Der junge Hund versteht's nicht. Da kommt die Hundemutter und drückt das Junge in Sitzhaltung.

Da will ein Kleinkind auf die Balkonbrüstung steigen, und die Katze schlägt sachte auf die Hand, bis das Kind loslässt und nachgibt.

Schon länger bekannt sind Hunde, die nicht mehr vom Grab ihrer früheren Menschen weggehen, oder Hunde, die nach Jahren ihre alten menschlichen Gefährten wiedersehen und schier verrückt vor Freude sind.

Als ich ein Kind war, hatten wir einen Hund, den Maxi. Ich liebte ihn. Wir liefen zusammen über die Wiese, er passte auf mich auf. Doch dann zogen wir in eine Wohnung, in der Hunde nicht erlaubt waren, und wir mussten ihn weggeben. Ausgerechnet zu einer Familie, die ich schrecklich fand. Einmal gingen wir spazieren und trafen die Familie mit dem Maxi. Er schrie förmlich auf, jaulte, rannte auf uns zu, warf mich fast um vor Freude. Doch wir durften ihn nicht mitnehmen. Keine Trennung von einem Menschen hätte mich mehr schmerzen können.

Menschen, die sich stärker in die Natur einfühlen, leben in einer anderen Wirklichkeitsebene. Die Verbindungen gehen über eingeübte Verhaltensweisen hinaus: Sie spüren den Wetterwechsel, bedrohliche Situationen oder Gefahren im Voraus, sie wissen intuitiv, welche Substanzen ihnen guttun und welche sie meiden müssen.

Hildegard von Bingen, die Visionärin und Heilerin, entging einem Hexenprozess nur dadurch, dass Papst Urban ahnte, wie nützlich sie für die Kirche werden könnte. So wurde sie halt eine Heilige, die sich sogar selbst mit ihren Gefährtinnen ein Kloster baute und sich dort in Freiheit von der Kirche ihrer Kunst und ihren Visionen widmen konnte.

Auch die drei Kinder Lucia, Jacinta und Francisco, die im kleinen Dorf Fatima in Portugal 1917 die weiße Frau aus dem Olivenbaum sahen, wurden zuerst als LügnerInnen beschimpft, ihre Visionen wurden geheim gehalten und erst 1941 veröffentlicht. Dann aber wurden sie heiliggesprochen.

In sechs Visionen sahen sie die »weiße Frau«, die »liebe Frau«, die ihnen Vorhersagen eingab. Natürlich wurden die Visionen an die Vorgaben der Kirche angepasst, und der Olivenbaum, in dem sie die weiße Frau sahen, spielte dann keine Rolle mehr. Dabei ist die Olive in der portugiesischen Tradition tatsächlich ein Baum der Weissagung. Früchte und Blätter haben eine starke Heilwirkung, z. B. gegen hohen Blutdruck und Magen- und Darmbeschwerden. Olivenbäume werden uralt, und selbst aus dem scheinbar toten Strunk einer alten Olive wachsen immer wieder neue Triebe. Sie verwurzeln sich sehr tief und können Dürreperioden dadurch überleben. Wenn es in Portugal brennt, brennen zwar die Eukalyptusplantagen wegen ihrer starken ätherischen Öle wie Zunder, doch in den Oliven- und Eichenhainen brennt es kaum, weil sie so stark mit den tiefen Wassern der Erde verbunden sind. Einen Olivenbaum oder einen Eichenbaum umarmen, unter dem Baum einschlafen, bringt Kraft. Wer dagegen unter einer Eibe einschläft, kann Halluzinationen bekommen oder sogar sterben, weil die Eibe Gifte ausströmt.

Ich liege gern nachts auf einem alten Felsen und schaue in den Himmel – unter mir die uralte Kraft des Steins, die so langsam als Visionen und Bilder aufsteigt, über mir die Unendlichkeit des Himmels.

Einen Baum spüren

Suche dir einen Baum, den du magst, der dich »anspricht«, und setz dich zu diesem Baum, berühre den Stamm, die Rinde, die Äste, die Blätter und lass dich in die feine mystische Welt des Baums einsinken, ohne etwas zu wollen, etwas zu erwarten. Sei einfach da und lass zu, dass der Baum dich erforscht, deine Energie abtastet. Du wirst still und heiter. Der Baum gibt dir Sauerstoff, du gibst dem Baum deinen ausströmenden Atem, ihr werdet eine Einheit.
Wenn du diese Verbindung beendest, bedanke dich.

Die Wurzelkraft

Wenn man einen Samen in die Erde pflanzt, dann lässt man ihn in Ruhe. Niemand geht jeden Tag hin und gräbt wieder auf, um zu sehen, wie weit das Wachstum schon gediehen ist. Das heißt: Es gibt Dinge, die nicht ans Licht gehören, bis sie »reif« sind. Die Wurzelkraft der Menschen zeigt sich genau wie die der Pflanze in dem, was ins Licht wächst, in der Blüte. Die Zweige eines Baums spiegeln die Verwurzelung wider. Bäume verbinden sich im Verborgenen, im Wurzelbereich. Sie nähren und stützen einander. So ist es auch bei Menschen: Ihre Art zu leben, Probleme zu lösen, ihr Aussehen, ihre Art zu denken und zu handeln spiegelt die Wurzeln wider, also die Kindheit und womöglich sogar die Zeit im Bauch der Mutter und alles, was dort mit Mutter und Fötus geschah. Wenn du also zu deinen Wurzeln finden willst, dann erkundest du am besten, wer du jetzt bist: Wie du jetzt Themen angehst, was du gernhast, was du fürchtest, was du nicht erträgst, wie du deine Sexualität lebst, wo du mutig bist oder feige, was dich freut, was dich glücklich macht.

Ich schreibe das auf und zeige es niemandem, weil es nur mich etwas angeht. Alle Facetten meines Lebens, meiner Erscheinung spiegeln meine Herkunft, meine Wurzeln.

Zwar kann ich verstehen, dass Menschen ihre Vergangenheit erforschen und erfahren wollen, warum sie wie geworden sind. Eine Therapie ist da ein guter Ansatz oder auch eine Rückführung in einer Trance, in der eine Tonaufnahme dokumentiert, was gesprochen wird.

Da es jedoch sehr darauf ankommt, als Rückführungsbegleitung eine verlässliche Person zu wählen, kann es zwiespältig werden, denn in Trance ist man durchaus beeinflussbar. Und auch in einer Therapie kann man an TherapeutInnen kommen, die manipulativ oder im besten Fall einfach nicht hilfreich sind. Es gibt ja diesen Witz, über den alle lachen, nur die Menschen nicht, die gerade in Therapie sind. Die Person auf der Couch redet und redet, der Therapeut schreibt auf: Tomaten, Prosecco, beim Schuster die Schuhe abholen.

Die Wurzeln drücken und sprengen Gewohnheiten auf wie die Baumwurzeln die Mauer. Wer da genau hinschaut, kann sich womöglich eine Therapie sparen. Denn sichtbar wird, was verdrängt wurde, was aus der Tiefe nach Aufmerksamkeit ruft. Das kann sehr hart und sehr schmerzhaft sein, und doch ist es wie bei einer offenen Wunde: Es kommt Luft hin; was schwärt, heilt und kann vernarben.

Ich habe die Erfahrung gemacht, dass es zwar wehtut, einem grausamen Vater noch einmal in der Rückschau zu begegnen, doch bin ich jetzt in der Lage, das Kind zu schützen und es herauszuziehen aus dem Grauen. So kann die Wurzelkraft zur Nahrung werden.

Ein Baum lebt von der Nahrung aus der Wurzel, so wie auch wir aus der Nahrung der Wurzelkraft gewachsen sind und damit leben. Wenn es gelingt, mit dem Schrecken Frieden zu schließen und die Nahrung herauszufiltern, die in jedem Kinderleben auch enthalten ist, dann können wir sogar mit einer schweren Kindheit glücklich werden.

Belastendes loslassen

Ich rufe die Kräfte, die mich stärken. Das können Kräuter sein, Helferwesen, z. B. Tiere, meine Hilfsgeister, meine Omas oder Menschen, die mich gelehrt und genährt haben.
Ich ziehe einen Kreis um mich, einfach in der Luft oder bilde einen Kreis mit Steinen, Kleidungsstücken, Schuhen usw.
In diesem Kreis kann alles gesagt werden, ohne dass es in die Welt geht. Das ist wichtig, weil man sich ja von Belastendem trennen will und es vielleicht laut aussprechen mag.
Wenn alles gesprochen ist, was gehen soll, bedanke ich mich bei meinen Helferwesen und beende es mit: »So sei es.«

Geheime Welt

Genau genommen passen Eltern und Kinder eigentlich nicht zusammen. Die Eltern haben ein süßes Baby, das überall hergezeigt werden kann, es ist aber bald recht anstrengend, schreit, weint, und kein Mensch weiß, warum. Verdauungsprobleme? Angst? Allgemeines Unwohlsein? Die Stresshormone von Mutter oder Vater übertragen sich und erzeugen im Kleinkind Stress? Die Eltern verlangen nach Struktur und Ordnung, die Kinder leben in einer völlig anderen Welt, da passiert alles gleichzeitig, und von den Notwendigkeiten der banalen Wirklichkeit wissen sie nichts. Sie sind dabei, sich in allen Wirklichkeitsschichten auszudehnen. Von den Nöten der Eltern ahnen sie nichts. Die wollen alles eingrenzen und ordnen.

Auch die Eltern können sich oft gar nicht vorstellen, was in ihren Kindern vorgeht. Das wird nicht leichter, wenn sie älter werden. »Lüg nicht!«, heißt es dann. Du sollst die Wahrheit sagen. Unangenehme Eltern denken sich Strafen aus, um Kinder in ihre Wahrheit hineinzuzwingen.

Als ich mit sechzehn Jahren Au-pair bei einer Familie in England war, wurde das kleine Mädchen von der Mutter bezichtigt, aus ihrem Geldbeutel eine Münze gestohlen zu haben. Die Kleine gab es nicht zu.

»Ich werde deinen Mund mit Seife auswaschen, wenn du nicht die Wahrheit sagst«, drohte die Mutter.

Da mischte ich mich ein. Denn wenn ich eines wusste, dann: Die Erwachsenen lügen ja noch viel schwerwiegender. Ich sagte: »Aber du lügst doch auch. Du hast gesagt, du hast eine Putzfrau, und jetzt muss ich das ganze Haus allein putzen, was gar nicht mein Job als Au-pair ist.«

Sie funkelte mich wütend an und hätte mich sicher gern umgebracht, weil ich ihre Autorität untergraben hatte.

Ich hatte in der Kindheit meine ganz eigene Welt, und damit bin ich wohl nicht allein. Meine Beraterin war eine »Elisabeth« auf dem niedrigen Dach der Sattlerei. Ihr konnte ich alles erzählen. Zu ihr konnte ich immer gehen. Sie tröstete mich.

Der Sohn einer Freundin hatte einen »Hanich«, der auf ihn aufpasste. Die Zwillingssöhne meines damaligen Freundes, mit denen ich sehr viel Zeit verbrachte, hatten einen »Dodi«. Als plötzlich in der Nachbarstadt ein Zirkus mit den »7 Dodis« auftrat, war das fast wie ein Schock für die beiden. Die Figur aus der virtuellen Wirklichkeit hatte sich materialisiert.

Natürlich erfinden Kinder gerne Geschichten, die Strafe vermeiden oder etwas Lustiges lebendig machen sollen. Fest steht: Je mehr Druck, desto mehr Stress für das Kind und infolge Ausweichen durch

Schwindeln und ellenlange Erzählungen, die kein Ende finden.

Die geheime Welt der Kinder ist magisch, bleibt im Verborgenen und ist so real wie der Supermarkt um die Ecke. Warum soll denn ein Kind gezwungen werden, diese Welt preiszugeben, das funktioniert doch sowieso nicht und endet nur mit: »Du lügst«, »das hast du erfunden«. Meine Mutter und meine Großmutter waren immerhin so klug, mich einfach nur als verträumtes Kind mit blühender Fantasie zu sehen.

In der Pubertät kann die geheime Welt der Kinder durchaus gefährlich werden. Mit welchen anderen Kindern trifft sich mein Kind? Sind Drogen im Spiel? Das beunruhigt ja immerhin auch Eltern, die reichlich Alkohol konsumieren und das normal finden.

Meine Mutter sagte zu meiner Schwester und mir gern: »Denkt bei allem, was ihr tut, daran, ob es mir recht wäre.« Da lachten wir oft heimlich, denn wir konnten natürlich nicht beichten, dass wir Haschisch probiert und schon mal total besoffen vom Geburtstagsfest bei einer Freundin übernachtet hatten. Allerdings hatte auch meine Mutter ihre Geheimnisse. Denn nach der Beerdigung kam ein Mann auf uns zu, der Mum gut gekannt hatte und oft mit ihr in den Bergen war. Eure Mutter war ja so lustig. Manchmal hat sie sogar auf dem Tisch getanzt. Das hat sie uns Töchtern auch nicht erzählt …

Mit dem Internet und den virtuellen Welten wird es noch komplizierter, den Kindern einen sicheren Weg zu weisen. Die Tochter einer Freundin erzählte der Mutter, dass sie auf Facebook so eine nette Freundin gefunden habe. Und die Tochter hatte genug Vertrauen zu ihrer Mutter, um ihr zu sagen, dass sie sich jetzt mit dieser Freundin nicht wohlfühlte, weil die wollte, dass sie sich nackt ausziehe und ein Selfie davon schicke. Die Mutter schickte die Polizei. Die Freundin war ein 56-jähriger Mann, der im Netz Kinder sexuell bedrängte.

Das Internet ist eine große, scheinbar sichtbare verborgene Welt, in der zwar interessante und kreative, engagierte und mitfühlende Menschen, aber eben auch Kriminelle und perverse Sadisten unterwegs sind. Diese Welt hat viele Pfade, die nicht nachvollziehbar sind, die ins verwirrende Dickicht führen. Da wird den Kindern viel versprochen, und in Wahrheit geht es um Geld, um Gier, um sexuelle Ausbeutung. Nicht nur Kinder fallen auf die Geschichten rein, die so schön und glaubwürdig erscheinen.

Viele junge Eltern haben keine Ahnung, was auf sie zukommt, wenn sie ein Kind so unbedingt haben wollen. Sie ahnen nichts von dieser eigenen Welt, zu der sie immer weniger Zugang haben würden bei gleichzeitiger Verpflichtung, für die Kinder zu sorgen, Verantwortung zu übernehmen und sie zu beschützen. Was eben kaum möglich ist, wenn man von den Gefahren nichts weiß, denen sie ausgesetzt sind.

Obwohl mir alle meine Freundinnen und meine Schwester sagten, dass ich völlig verrückt sei, meine Tochter immer und überall zu jeder Tages- und Nachtzeit mit dem Auto abzuholen – ich hab's getan. Ich ging ins Bett, Telefon neben dem Bett. Und wenn es mitten in der Nacht klingelte, war's oft nicht allein meine Tochter. Mag sein, dass das blöd von mir war, oft vier oder fünf Jugendliche nach Hause zu kutschieren. Ich hatte das Gefühl, dass es zur Brutpflege gehört. Dass ich zwar nicht weiß, was auf den Partys abgelaufen war, aber dass ich wenigstens das Angebot machen konnte, alle sicher nach Hause zu bringen. Einmal rief sie mich an und sagte, sie fühle sich unwohl, ja, bedroht. Ich fuhr hin. Die Kids hatten die Pornofilme des Vaters entdeckt, harte Geschichten wohl. Meine Tochter und ihre beste Freundin wollten im Auto nicht darüber sprechen, aber ich war wirklich glücklich, dass sie so viel Vertrauen zu mir hatte. Ich ging ihre ganze Kindheit über davon aus, dass ich von ihrer Wirklichkeit nichts weiß, und liebte sie eben einfach so, wie sie war, mit allen Widersprüchen. Es hätte auch gar nichts gebracht, wenn ich sie geschimpft oder unter Druck gesetzt hätte. Das hätte nur dazu geführt, dass sie alles heimlich machen und mich hätte anlügen müssen.

Ihre beste Freundin stieg nachts oft aus dem Fenster, ihre Eltern hatten keine Ahnung. Sie rief mich auch nachts an, aus einer Telefonzelle am Waldrand. Ich sagte: »Geh aus der beleuchteten Telefonzelle raus, versteck dich hinter einem Baum, ich komm dich holen.«

Ich fuhr sie nach Hause. Pädagogisch richtig wäre wahrscheinlich gewesen, dass ich ihre Eltern informiert hätte. Machte ich nicht. Sie stieg durchs Fenster wieder ein. Ich fuhr nach Hause. Ich habe halt auch meine Geheimnisse.

Ritual zu Ehren des Verborgenen

Wir werden nie erfahren und wissen können, was es um uns herum alles gibt, was sich um uns herum zuträgt.
In diesem Ritual nehme ich einen dunklen oder schwarzen Stein, bilde aus Zweigen, aus Blättern oder auch aus Kleidungsstücken oder Schuhen einen Kreis um diesen Stein herum.
Ich trommle und singe: »Ich weiß es nicht, ich kenne es nicht und werde es nie erfahren.«
Das singe ich, bis es mir zu langweilig wird.
Ich schließe ab mit: »Und das ist gut so!«

Das Echo

Die Flüsse im Körper fließen ruhig dahin, oben kommt Flüssigkeit hinein, unten wird sie ausgeschieden, und durch alle Kanäle fließt das Blut, mal zum Herzen hin, mal wieder weg. Doch dann gibt es Irritationen, die Niere ist beleidigt, die Kanäle machen dicht, der Druck steigt, und damit steigt auch der Blutdruck. Der Blutdruck ist das Echo im Körper auf unser tägliches Leben, das wir so genau wohl gar nicht wahrnehmen, wie der Druck des Blutes es uns sagen kann. Stress, Anspannung, zu viele Lasten: Wenn du auf dein Blut hörst, merkst du genau, was im Leben nicht stimmt. Alkohol entspannt? Da ist das Blut anderer Meinung, es wallt und drückt.

Aber zum Glück gibt es ja die Pharmaindustrie. Tonnenweise werden Medikamente jede Woche zum Beispiel nach München geliefert. Wer Probleme hat, ist froh, dass es diese Medikamente gibt, denn ohne wird's für viele kritisch.

Doch nun tun sich Hindernisse auf: Die Medikamente stehen nicht mehr so üppig zur Verfügung. Panik macht sich breit. Was passiert, wenn die Betablocker nicht mehr da sind?

Ich habe in letzter Zeit Blutdruckschwankungen; deshalb fange ich an, mich mit diesem geheimnisvollen Netzwerk von Blut und Urin noch näher zu beschäftigen. Nachts wache ich von Ohrensausen auf, Blut wallt hoch, der Körperwecker klingelt. Ich atme durchs linke Nasenloch aus und wieder ein, halte das Nasenloch zu und atme rechts aus und wieder ein. Hin und her. Und dabei sinke ich in den Körper, nehme den Rhythmus des Blutes wahr, beruhige mich, atme hin und her. Woher der Druck? Ich rauche nicht, trinke keinen Alkohol, ernähre mich meistens sehr gesund, esse Fleisch nur in Ausnahmefällen. Die vom Labor getesteten Blutwerte sind sehr gut, was also drückt? Die Niere? Der Krieg? Das Leid der Welt? Die Worthülsen der Politiker? Die Kälte? Der Klimawandel? Alles zusammen? Müssten dann nicht alle engagierten Menschen »auf 180« sein? Und endlich verstehe ich diese Redewendung, denn wer einen Blutdruck von 180 hat, ist hoch erregt von was auch immer.

Was bedeutet es, dass so viele Menschen hohen Blutdruck haben und Medikamente nehmen (müssen)? Wie hoch ist der Druck in einem Land, in dem man gut leben kann? Obdachlose Menschen haben eher kein Blutdruckproblem, wie eine Untersuchung in München zeigte. Menschen, die auf der Straße leben, wurden ärztlich untersucht, und es kam heraus, dass sie zwar manchmal unterkühlt waren, nicht genug gesunde Nahrung bekamen, die Körperpflege nicht auf dem Yuppie-Level war, doch Blut-Kreislauf-Probleme hatten nur die schweren Alkoholiker.

Das Körperuniversum ist erstaunlich komplex. Zwar wissen wir um Haut, Fleisch, Knochen, Körperflüssigkeiten. Doch wer weiß schon, dass das Hirn mit dem Darm ständig in Verbindung steht, dass die kleinen Völker im Körper wesentlich mehr Einfluss auf unser Wohlbefinden, unsere Stimmung, sogar unsere Bereitschaft zu lernen, zu verstehen, wahrzunehmen haben als Informationen, Studium, Lerninhalte oder Impulse von außen?

Dass wir uns ein Magengeschwür herbeiärgern können, ist hinlänglich bekannt. Wir können Probleme im Körper aber tatsächlich auch wegfreuen. Und das sollten wir tun!

Wechselatmung für Ruhe im Körperuniversum

Um den Flüssen des eigenen Körpers auf die Spur zu kommen, ist es sinnvoll, in kleinen Meditationen in die Sprache des Körpers hineinzuhorchen. Rauscht es, zwickt es, drückt es? Fühlt sich der Planet der kleinen Völker – also der Hormone, Abwehrkörper aller Art, Viren, Bakterien usw. – gut an oder gibt es Spannungen? Bekommen sie alles, was sie brauchen? Sind wir ein angenehmer, ein fairer Planet für sie? Und für uns selbst?

Die Wechselatmung ist eine Technik, die Blutströme, Hirn und Darm gut mit Sauerstoff versorgt und angenehme Ruhe im Körper entstehen lässt:

Auf einem Stuhl sitzend oder auf dem Boden im Schneidersitz oder einfach mit gekreuzten Beinen, geschützt (warm genug, ohne Heizungsmuffigkeit, Mobiltelefon aus, Stand-by-Geräte aus) legst du Zeige- und Mittelfinger der rechten Hand auf den Mittelpunkt an der Stirn, hältst mit dem rechten Daumen das rechte Nasenloch zu und atmest links zuerst aus, dann ein, wechselst die Seite, hältst jetzt mit Ringfinger und kleinem Finger das linke Nasenloch zu, atmest erst rechts aus, dann ein. Immer hin und her.

Je länger du das machst, desto ruhiger fließt das Blut, desto mehr Sauerstoff gerät ins Hirn und sinkt in den Körper, desto friedlicher wird die Darmpopulation.

Nachher kannst du einen Kräutertee trinken und alles nachwirken lassen.

Botschaften aus dem unbekannten Universum

Ist es nicht seltsam und fantastisch, dass die »Kommandozentrale«, die unser Sein, unsere Ängste, Vorlieben, unser Wissen, unsere Erinnerung steuert, ganz und gar verborgen bleibt? Wir versuchen zwar zu erforschen, wie das Hirn funktioniert, was es macht, wie es Informationen verarbeitet und so weiter, doch wirklich wissen können wir nichts darüber. Es ist wie ein Programm, das uns – von wem auch immer – eingesetzt wurde und das völlig ohne unsere Kontrolle seine Arbeit macht. Zum Beispiel im Schlaf. Wie ist es möglich, dass der ganze Organismus und vor allem die Steuerung, die Kontrolle weiterläuft, wenn wir praktisch bewusst-los sind? Der Körper schlafft langsam ab. Der Geräuschpegel ist angenehm niedrig, das Bett ist angewärmt. Arme und Beine suchen die bequemste Stellung, der Körper muss sich einmal hin- und herdrehen. Dann lässt der Parteiverkehr im Hirn nach, eine angenehme Erinnerung schwebt durch den Raum. Der Atem sinkt in die vielen Häute des Körpers und spielt in den Räumen zwischen den Zellen. Die Flüsse im Körper fließen ruhig dahin. Ziellos treiben Gedankenfragmente, Lieblingsthemen, Sorgen durch die Hirnwindungen. Die Katze sitzt im Hinterkopf und putzt sich. Da wandern Ratenzahlungen dahin, dort fliegt die Schrankwand mit dem Fernsehschirm, stößt absichtslos gegen die Erhöhung der Heizkosten – und jetzt passiert's: In einer der vielen Windungen bleibt die Schrankwand stecken, die Heizkosten laufen auf, die Finger krampfen, der Körper dreht sich, der Atem wird lauter und unruhiger. Im Hirn wird langsam und unerbittlich die gefürchtete Geisterbahn aufgebaut, die allabendlich oder nächtlich ihren Betrieb aufnimmt. Der Chef sitzt an der Kasse, die Kinder schreien, oder ist es die schwerhörige Nachbarin? Wild entschlossen wird das Kopfkissen unters Kinn gezogen, die Hände suchen Halt, die Beine schnellen in die embryonale Schutzhaltung. Flacher Atem sucht sich einen Weg durchs Dickicht. Dann geschieht das kleine Wunder: Eine unbekannte Macht ringt die Gedanken nieder, Müdigkeit wird zu Schläfrigkeit, der Körper entspannt sich, und sachte gleitet man in den Schlaf, ins Schlummerland, in die rätselhafteste und verborgenste Region, die uns beeinflusst und die so ganz ohne unser Zutun eine eigene Choreografie aufbaut. Das Hirn spielt mit sich selbst, und in diesem Hirnkirmes tauchen jetzt wild vermischt und scheinbar absurd und sinnlos Fragmente auf.

Wir verbringen rund ein Drittel unseres Lebens in diesem unbekannten Land Schlaf, im Land der Träume. Auch Tiere träumen. Neulich haben Forscher fest-

gestellt, dass, wie schon erwähnt, sogar Hühner träumen und im sogenannten REM-Schlaf (Rapid Eye Movement) sich die Augäpfel schnell hin- und herbewegen. Traumkino für alle.

Viele Menschen haben Probleme mit dem Einschlafen, manche haben sogar Angst davor, wieder nicht schlafen zu können, und je mehr man sich drängt und mahnt, endlich zu schlafen, desto weniger gelingt es. Nach meiner Erfahrung schläft man besser, wenn man nicht zu viel isst vor dem Schlafen. Ich esse abends gar nichts.

In Hotels liegen manchmal Pralinen oder Süßigkeiten auf dem Kissen. Sie haben wohl die Forschungen gelesen, die besagen, dass man besser schläft, wenn man etwas Süßes vor dem Einschlafen isst.

Es versteht sich ja von selbst, dass es keine gute Idee ist, schreckliche Krimis oder Horrorfilme vor dem Schlafengehen anzuschauen. Es mag zwar Menschen geben, die sagen, es mache ihnen nichts aus; für die Entspannung des Körpers und für tiefen Schlaf und schöne Träume ist es aber bestimmt nichts.

Das Kopfkissen ist wichtig – das weiß mittlerweile jedes Einrichtungshaus. Kinder brauchen zum Einschlafen ein Kuscheltier, ein Tuch oder ein kleines Einschlafritual. Das ist auch für Erwachsene eine gute Idee.

Ich schau mir gern vor dem Einschlafen einen Katalog einer Künstlerin oder eines Museums an, weil ich dann mit rätselhaften Gedanken und Vermutungen sanft in den Schlaf gleite.

Für Sigmund Freud hatten Träume fast ausschließlich sexuelle Bedeutungen. Für SchamanInnen zeigen Träume die verborgenen Verbindungen zu Helferwesen oder magischen Orten auf. Manchmal können in Träumen sogar bisher unbekannte Fähigkeiten oder Potenziale auftauchen.

Da ist es sinnvoll, ein Traumtagebuch zu führen.

Traumtagebuch

Ein Block oder ein Heft liegen samt Stift neben dem Bett. Sobald du aufwachst, auch wenn das mitten in der Nacht ist, notierst du das Gefühl, das du gerade hast, und eventuelle Fragmente von Träumen, an die du dich erinnerst.

Mach dir keinen Stress damit. Du musst keine Sätze bilden und schon gar nicht versuchen, während des Aufschreibens einen Sinn zu konstruieren.

Auch ein Bild zu malen kann sehr spannend sein, nicht alle Menschen können leicht formulieren, tun sich aber vielleicht leichter mit symbolischen kleinen Zeichnungen oder mit Farben.

Für australische UreinwohnerInnen wird der Schlaf von Geistern begleitet. »Geister sind immer da. Man lebt so lange, bis sich einer von ihnen entschließt, einen wegzuschicken. Wäre es nicht so, würden Menschen länger leben als Bäume und Felsen. Kein Mensch würde je ins Träumen zurückkehren.« So beschreibt Bahumir Wonga die Natur der Traumzeit. Träumen ist also kollektive Erinnerung, der kollektive Zustand der Schöpfung. Nur weil wir schlafen, sind wir die Schöpferinnen unserer Wirklichkeit. Schlafend erschaffen wir alle gemeinsam – Tiere, Pflanzen, Menschen, Steine, Elemente – die Welt. Schlafend bereiten sich Tiere vor, ihr »Artverhalten« an die Lebensumstände anzupassen. Im Schlaf verbinden sich die nicht körperlichen Energien aller Wesen. Deshalb kann im Schlaf eine Wirklichkeit entstehen, die im Wachzustand rätselhaft ist.

Traum kann man nicht erarbeiten. Die Traumzeit ist nicht durch Leistung zu erreichen. Im Gegenteil, sie öffnet sich nur durch das Aussteigen aus der linearen Energie. Wer eine wichtige, anstrengende Realität zu bewältigen hat, empfindet die Traumzeit als verlorene Zeit. Ein Wirtschaftsboss klagt: Wir verschlafen und verlieren damit fast die Hälfte unseres Lebens. Ich habe den Eindruck, es ist die wache Zeit, die wir verschwenden, wenn wir die Traumzeit nicht annehmen.

in schönheit durchs leben gehen
orte von großer kraft aufsuchen
die seele entgiften
morgens dem gesang der vögel zuhören
den schneeflocken beim fallen zusehen
frische luft einatmen
in schöner erinnerung schwelgen
keine laus auf der leber lassen
lachen, bis kein groll mehr übrig ist –
when all is lost – dream

Ich sehe was, was du nicht siehst, und das ist …

Der Wissenschaftler, der mich in einer Talkrunde im österreichischen Fernsehen vor vielen Jahren eine »Spinnerin« nannte (es ist mir eine Ehre!), würde bestimmt nicht zum japanischen Kaiser »Spinner« sagen. Dieser führt die shintoistische Religion an, die ja bekanntlich davon ausgeht, dass alles beseelt ist, dass überall Geister wohnen, auch die Geister der Verstorbenen, und dass die Chefin von allem eine Göttin namens Amaterasu, die Sonnengöttin, ist.

Schon gar nicht würde er den Papst einen Spinner nennen, der das Bodenpersonal einer Religion unter sich hat, die an Vater, Sohn und den Heiligen Geist glaubt. Ich zum Beispiel bin nicht aber-gläubig, bin aber auch nicht laber-gläubig.

Genau genommen beruht ja das meiste, was die Wissenschaft »erkennt«, auf Vermutungen und Rückschlüssen aus gewonnenen Erfahrungen. Deshalb sagen viele Physiker, dass jede Erkenntnis und jede Antwort auf eine Frage tausend neue Fragen aufwerfe.

Das meiste bleibt im Dunkel des Nichtwissens. Man erkennt eben nur, was man schon kennt, der Rest ist Glaube.

Jahrelang galt der sogenannte »Urknall« als einiger-

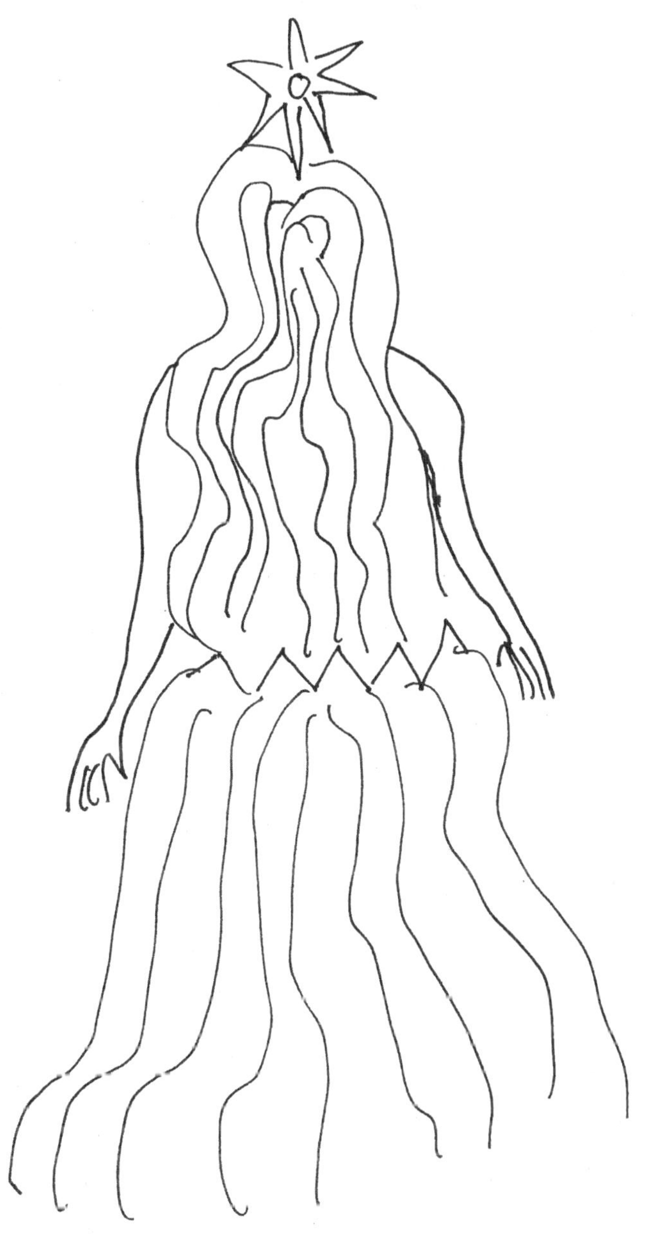

maßen gesicherte Erkenntnis über den Beginn des Universums. Schon wieder vorbei.

Für die großen monotheistischen Weltreligionen gibt es den Begriff der Vermutung natürlich nicht. Gott ist Gesetz. Es gibt zwar für Gott, für Allah, für Jahwe und andere keinen Beweis, das hindert die irdischen Abgeordneten jedoch nicht daran, Menschen bei Übertretung der Religionsgesetze zu strafen, im Fall von Christentum und Islam auch zu foltern, zu töten. So glauben die meisten Menschen, was sie glauben müssen, was ihnen von Kindheit an eingetrichtert wurde. Und nichts hat der Natur und den Menschen mehr geschadet als Kriege, Missionszüge, der Wahn der Herren, die alleinige Wahrheit und Religion zu haben.

Ich glaube, was ich will. Diese Freiheit, die jedes Kind auf diese Welt mitbringt, haben mir Mutter und Großmutter ermöglicht, denen jedes religiöse Dogma fremd war. Meine Mutter hatte einen »großen Geist«, der sie bis zu ihrem Tod begleitete. Meine Oma glaubte gar nichts. Und ich surfe in allen Glaubensvorstellungen dieser Menschengesellschaft. Ich reiste zu den Orishas nach Nigeria, lernte die tibetischen Geister kennen, schaute mich in der indischen Welt der Götter und Göttinnen um, traf auf Hunza-Schamaninnen in Nordnepal und Lakota-Medizinleute in Nordamerika. Ich durfte an einer Schwitzhütte im Lame-Deer-Reservat teilnehmen, feierte das Fest einer schamanischen Einweihung in der Dolpo-Region in Nepal mit, nahm an einer Marienprozession im Alentejo/Portugal teil und wurde eingeladen, eine Voudoun-Zeremonie für die große Schlange in Dahomey/Benin mitzumachen, bei der eine Frau in Trance fiel und mit Geistern sprach.

Ich dokumentierte diese Zeremonien nicht, weil sie auf Außenstehende exotisch und oft auch irritierend wirken, das nimmt die wahrhaftige Energie, die die teilnehmenden Menschen ja verspüren. Und je mehr dieser unterschiedlichen Glaubensformen ich kennenlernte, desto dubioser wurden sie mir. Dubios vor allem die Art, wie der Glaube entsteht: durch Angst.

Die ursprüngliche Angst vor dem Nichtwissen, die Angst vor der Tiefe des Universums und die Angst vor dem Verborgenen wird in fast allen spirituellen Traditionen durch die Angst vor strafenden Göttern oder Geistern ersetzt. Jetzt gibt es für das suchende Hirn die Gottesmauer – hier kein Zutritt. Hier geht's nicht weiter.

Die großen monotheistischen Weltreligionen wurden im Patriarchat erfunden, um die große Mutter zu ersetzen, Gott-Mutter, wie die Forscherin Kirsten Armbruster sie nennt. Die göttliche Mutter ist eine natürliche Essenz menschlichen Lebens – kein Mensch lebt auf der Erde, ohne von einer Mutter geboren zu sein. So ist die Mutter der Ursprung

Alle spirituellen Traditionen der Frühzeit dokumentieren das Primat der weiblichen Kraft. Von den Vulva-Ritzungen der Île de France zu den Wondschinas in Australien, von der Willendorferin bis zur Frau vom Hohle Fels und noch weiter zurück, 300 000 Jahre sogar zur Frau von Berekhat Ram oder der abstrakten Frauenfigur von TanTan in Marokko – die Frau ist allgegenwärtig.

Bei einer Diskussion mit FreundInnen über dieses Thema ereiferte sich plötzlich ein Mann, den ich eigentlich als Freund verstanden hatte: Müsst denn ihr Frauen überall dabei gewesen sein. Die Frauen in dieser Runde lachten auf. Ja, logisch, sonst wärt ihr doch gar nicht hier. Diese Erkenntnis ist bei vielen Männern nicht sehr populär. Sie würden es am liebsten ungeschehen machen, dass sie im Bauch einer Frau ihren Anfang nahmen und aus ihrer Vulva heraus ins Leben gepresst wurden. Peinlich!

Was wir glauben, prägt uns, sagt viel über Zuneigung, Respekt oder Unverständnis und Gewalt aus. Und so prägt das Verborgene das Sichtbare. Als christliche Missionare in Afrika auftauchten, hielten sie die dunkelhäutigen Menschen für Tiere, unterwarfen sie, töteten sie.

Die afrikanischen Menschen hielten die Eindringlinge für Geister, denn Geister waren in ihrer Vorstellung weiß. Sie respektierten sie – und waren im Nachteil. Das Zeitalter der sogenannten Aufklärung ist in Wirklichkeit nur eine Verschiebung der Glaubenswelt. Die Rituale der »Heiden« waren jetzt »Aberglaube«, die christlichen Rituale wurden Pflicht. Aufgrund von nebulösen neuen Glaubensvorstellungen durften Frauen nicht mehr ihre Berufe ausüben, durften nicht mehr heilen und waren an den Akademien nicht zugelassen, die jetzt die Voraussetzung für Berufstätigkeiten aller Art waren. Bis heute gilt das für viele muslimische Regionen wie Afghanistan, Iran oder Irak.

Die akademische Bildung gründet auf einer neuen Art Aberglauben. In der Pandemie gab es eine Art neuer Inquisition – die »Wissenschaft« durfte nicht bezweifelt werden. Aufgrund von »wissenschaftlichen Erkenntnissen« wurden Kinder aus den Schulen ausgeschlossen, mussten zu Hause per Homeschooling unterrichtet werden – was man heute aus den Erfahrungen der Pandemie natürlich für falsch hält.

Wir lernen durch Erfahrung, eigene und andere, doch wirklich wissen können wir nur Fragmente einer so komplexen wie rätselhaften Wirklichkeit.

Wenn unerklärliche Phänomene auftauchen, beeilen sich rationale Menschen, diese als Zufälle oder einmalige seltsame Ereignisse darzustellen. Ich habe so eine rätselhafte Geschichte erlebt. In einer Trance sah ich mich an einem Fluss sitzen, Kieselsteine in ein kleines Feuer werfen und daraus Weissagungen erhalten. Ich hatte einen Namen: Allaiturahe.

Wir machten damals viele Trancen, waren begeistert über die oft sehr exotischen und wunderbaren Geschichten, legten die Tarotkarten dazu und zogen Schlüsse aus allem. Eines Abends war ich auf einer Verlagsfeier und lernte einen Hetitherforscher kennen. Wir kamen ins Gespräch, und spontan erzählte ich ihm von dieser Trance. Er sagte: »Das ist interessant, denn es gibt bei den Hetithern tatsächlich ein Kieselsteinritual, aus dem die Zukunft gelesen wird. Und es gab eine weissagende hellsichtige Frau namens Allaiturahe. Ich habe ein Buch darüber geschrieben.«

Er empfahl mir das Buch, ich kaufte es und war perplex, denn ich kannte das alles.

Das kann man jetzt entweder Zufall nennen oder vielleicht wie Rupert Sheldrake es sieht: eine Vision aus einem morphogenetischen Feld. Sheldrake sagt, dass alles, was je gelernt und erfahren wurde, in einer Art Cloud, die er morphogenetisches Feld nennt, gespeichert wird. In einem veränderten Geisteszustand können wir unter Umständen Kontakt zu diesem Feld aufnehmen und Informationen daraus beziehen.

Für mich ist es nichts Besonderes, aus diesem verborgenen Raum Impulse zu empfangen, Kontakt mit Geistwesen zu haben und mich mit ihnen auszutauschen. Alles ist belebt. Ob wir es wahrhaben wollen oder nicht. Wir müssen ja nicht dauernd mit allem in Kontakt sein. Aber wahr ist: Wer sich mit Menschen nicht klar ausdrückt und keine Grenzen ziehen kann, wird sich in der Welt der Geistwesen nicht besonders wohlfühlen. Wir sind weder Menschen noch Geistern, noch Göttern oder Göttinnen »ausgeliefert«. Entschiedenheit ist nötig, Gelassenheit auch und Respekt vor allem, was wir nicht wissen können und nicht wissen werden.

Steinchen-Ritual

Am besten machst du dieses Ritual an einem geschützten Ort in der Natur, allein oder mit mehreren.
Alle Teilnehmenden sammeln kleine Steine und bilden dann einen Kreis.
Das Ritual beginnt, indem die Himmelsrichtungen, der Wind, das Feuer, das Wasser und die Erde gerufen werden.
Dann legt die erste Person ein Steinchen in die Mitte und sagt, welche Göttin, welche Kraft oder was sie mit diesem Steinchen hinterlegt. Es können Heilung, Respekt, Freude oder Begeisterung hinterlegt werden oder die Namen der Göttinnen wie Freya, Hel, Diana, Artemis, Kali, Babajaga usw. Oder die Namen von Frauen, die im Leben der Person wichtig sind/waren.
Wenn alle Steinchen in der Mitte sind, wird der Kreis mit »So sei es!« aufgelöst.

11.
8.
12.
7.
6.
1.
2.
5.
3.

Geheimnisse aus dem All

Als philosophisches Konzept ist die Astrologie ja wirklich sehr schlau. Die zwölf Sternzeichen stammen aus der Zeit, als der Himmel noch mit Fäusten gemessen wurde: Drei Fäuste übereinander ergeben den Raum eines Sternzeichens (die Faustregel). Natürlich wussten auch die Menschen in Mesopotamien oder Syrien, dass das astrologische Konzept die Geheimnisse des Universums nicht verraten oder erklären kann. Es ist eine Hilfskonstruktion, um mit einer Struktur menschliche Themen zu bearbeiten. Und diese Themen sind heute noch die gleichen wie zur Zeit der Kubalaya, Stadtkönigin von Karkamesch, oder Ishtar, einer babylonischen Göttin, der ein wunderbares blaues Tor mit Löwinnen gewidmet wurde.

Die Hilfskonstruktion der Astrologie kann uns helfen, verborgene Lebensthemen zu entdecken, mit dem Verborgenen in Berührung zu kommen, es wahrzunehmen und, im besten Fall, in unser Leben zu integrieren.

Ich habe sehr viele Horoskope erstellt und dabei entdeckt, dass allein in der Beschäftigung mit dem eigenen Horoskop für viele Menschen etwas klar wird, was sie vorher nicht wahrgenommen haben. Es ist daher eine Art Spiegelung, in der man sich anders wahrnehmen kann als im Alltag.

In der Astrologie erstellt man Horoskope, die ganz individuell jedes Leben und seine Themen abbilden.

Jeder Horoskopkreis besteht aus zwölf Häusern. Das erste Haus im magischen Kreis beschreibt den Zeitpunkt der Geburt und die Persönlichkeit, das zweite Haus bearbeitet die materiellen Dinge des Lebens, das dritte Kommunikation, das vierte die Kindheit und die Vergangenheit – hier fängt das unbekannte Universum an, in die Alltäglichkeit einzufließen, denn es geht auch um die kosmische Vergangenheit, vielleicht sogar um frühere Reinkarnationen, wie manche AstrologInnen sagen.

Das fünfte Haus ist wieder ganz auf der Erde mit Genuss und Spiel, Schönheit und Lebensfreude, das sechste beschreibt den Umgang mit dem Körper und auch, was wir damit in der Welt einbringen, also die Arbeit. Das siebte Haus beschäftigt sich mit Beziehungen und PartnerInnen. Dann kommt das achte Haus, das jetzt sehr tief in einen Bereich führt, der wohl bei den meisten Menschen entweder unentdeckt, verdrängt oder geheim gehalten wird: alles, was mit Gewalt, mit Sexualität, mit tiefen Gefühlen, Verletzungen, Ängsten zu tun hat. Das achte Haus ist vielleicht das interessanteste im Kreis der Häuser, weil es den Finger auf die Wunde legt.

Das neunte Haus ist dann bestimmt von Reisen, Fantasien, Plänen, Inspirationen. Im zehnten Haus zeigt sich, wohin die Lebensreise gehen könnte, das elfte Haus beschreibt dazu Hilfskräfte, FreundInnen, Unterstützung, und dann ist da das zwölfte Haus, dunkel, geheimnisvoll, verborgen. Manche AstrologInnen finden, es hat mit karmischen Problemen, mit Schuld, mit Lasten aus früheren Leben zu tun. Ich finde es viel interessanter zu sehen, was für verborgene Schätze wir in uns tragen, die darauf warten, entdeckt und gelebt zu werden. Das achte und das zwölfte Haus sind nicht nur eine große Herausforderung, sondern auch eine Verheißung. Wage es!

Die traditionelle Astrologie ist schon ein bisschen simpel, es gibt Gut und Böse und schöne Sternzeichen und unheilvolle. So kann man natürlich auch an Verheißungen und Besonderheiten vorbeischrammen.

Als ich mit meiner neugeborenen Tochter an der Brust gerade auf dem Bett lag, kam meine Mitbewohnerin, Astrologin, ins Zimmer und sagte: »Sie ist doppelt Skorpion, du bist doppelt Löwe – das geht nie gut.«

Das stimmte natürlich genauso wenig wie die astrologische Einschätzung einer anderen Astrologin zu einer geplanten Hochzeit: »Er ist schwach, sie ist auch schwach, davon rate ich ab.« Jetzt sind die beiden schon über vierzig Jahre verheiratet, und meine Tochter ist eine erwachsene Frau, zu der ich eine sehr liebevolle, gute Beziehung pflege – und sie zu mir.

Es gibt eigentlich gar keine Sternzeichen und damit auch keine Menschen, die keine Geheimnisse hüten, die nichts verdrängen oder keine schwarzen Löcher in ihrem Leben kennen.

Man liegt im Bett, schläft noch nicht gleich ein, und dann treiben sie wie Gewitterwolken daher. Interessanterweise kommen früh verdrängte Schrecken im Alter wieder aus der Tiefe des Vergessens. Das zwölfte Haus im Häuserkreis grenzt an das erste. Das Ende des Lebens berührt den Anfang, und schon im Anfang ist ein Hauch von Vollendung mitangelegt. Wenn ein Kind geboren wird, wissen die Eltern noch nichts von den mitgebrachten Fähigkeiten und Talenten. Die meisten versuchen, ein Kind in ihre Reichweite zu drängen, es soll die Werte, das Wissen, vielleicht sogar den Beruf oder das Erbe der Eltern übernehmen. Nur selten einmal sind Eltern neugierig und fragen sich: Was ist denn eigentlich in diesem Kind verborgen?

Mit einem Kind oder mehreren zu leben ist halt auch anstrengend, und die Ideale, die man vielleicht hat, verabschieden sich schnell im täglichen Stress. Manchmal geht es nur darum, einen Tag, eine Ferienwoche oder die schwierige Pubertätszeit zu überstehen und nicht allzu beleidigt zu sein, wenn die geliebten Kinder plötzlich ausfallend werden und Schimpfworte herausschleudern. Man muss sich immer bewusst sein, dass Kinder alles mitbekommen, die Familiengeheimnisse, die Streitereien, die Lügen und manchmal sogar das Doppelleben, das manche führen. Sie sehen, wenn die Mutter weint oder vor Hilflosigkeit und Wut ins Kissen beißt. Sie bekommen mit, wenn der Vater ausfallend, vielleicht sogar gewalttätig wird. Die Gewalt, die Kinder in der frühen Kindheit erleben, wird verdrängt, das ist zum Beispiel ein Thema, das in einer astrologischen Beratung im achten Haus auftaucht.

Seit über vierzig Jahren beschäftige ich mich mit Astrologie und finde es verblüffend, wie genau astrologische Prognosen oft zutreffen. Dennoch: Es ist eine Möglichkeit, das Leben von allen Seiten zu beleuchten, mit den Fragmenten zu spielen, darüber nachzudenken, aber es ist keine Wissenschaft. Denn nicht einmal AstrologInnen sind sich darüber einig, wann genau das Leben eines Menschen anfängt, also bleibt auch die Berechnung des Horoskops nur eine Spielmöglichkeit.

Dein Lebenshoroskop

Lass dir deinen Horoskopkreis ausdrucken und mache eine Zeichnung, die aus dem Kreis einen Lebensbaum gestaltet:

Das vierte Haus (Herkunft, Kindheit) ist die Wurzel,
das dritte (Kommunikation) und fünfte (Kunst, Schönheit, Genuss) Haus bilden die untersten Äste,
das zweite (alles Materielle, Besitz, Erde) und sechste (Umgang mit dem Körper, Beruf) Haus sind die nächste Ebene,
das erste und siebte Haus, ich und du, bilden wieder eine Ebene,
das achte (tiefe Wunden, Sexualität, auch Gewalterfahrung) und zwölfte Haus (karmische Geheimnisse, das noch nicht Bekannte, Bewusste) – die vorletzte Ebene – sind besonders spannend, weil es in beiden Häusern um das Verborgene geht,
das neunte (Inspiration und Reisen) bildet mit dem elften Haus (Freunde, Gönner, günstige Verbindungen) die oberste Ebene,
das zehnte Haus, die Bestimmung, das Lebensziel, ist die Krone des Baums.
Nun kannst du jeden Tag eine kleine Meditation zu deinem Lebensbaum machen und schauen, was da für dich sichtbar wird, was aus dem Unbekannten auftaucht.

Verborgenes im Alltäglichen: Jetzt schlägt's 13

Die gegenüberliegenden Zahlen auf dem Zifferblatt einer Uhr ergeben immer 13:
12 und 1, 11 und 2, 10 und 3, 9 und 4, 8 und 5, 7 und 6
Die 13 ist die alte Mondzahl aus der Zeit, in der noch mit Mondmonaten gerechnet wurde und nicht, wie heute, mit Sonnenmonaten.
Dass die 13 eine Unglückszahl sein soll, ist natürlich ein Mythos, der in der christlichen Kultur erfunden wurde, denn der keltische Mondkult, die Göttinnen, die Rituale mussten natürlich »verteufelt« werden. Es gibt noch verborgene Hinweise auf die alte Kultur, der Freitag ist der Tag der Freya, die für Sinnlichkeit und weibliche Macht steht. Donnerstag ist Donar, dem germanischen Gott, gewidmet, und der Montag erinnert natürlich an den Mond, der Sonntag an die Sonne.

Die verlorene Welt

Es war das »schlimmste Erdbeben seit Menschengedenken« in Anatolien und Syrien. Städte wurden bei den Erdstößen dem Erdboden gleichgemacht, Zehntausende Menschen starben. Und dann das »Wunder«: Viele Menschen, auch Kinder, überlebten tagelang ohne Wasser und Nahrung verschüttet in den Trümmern.

Vor dem Beben heulte nachts ein Hund auf der leeren Straße wie eine Sirene. Das wurde auf einem kleinen Smartphonevideo festgehalten. Ebenso der chaotische Flug Hunderter Vögel, die buchstäblich kreischten und wild und panisch durcheinanderflogen – mitten in der Nacht. Hätte man auf sie gehört! Ein kleines Mädchen, das zwischen den eingestürzten Wänden herausgezogen wurde, sah überraschend frisch und gut genährt aus. Sie wirkte nicht traumatisiert und erzählte, dass sie immer wieder Wasser und Nahrung bekommen hatte. Von wem? Wie? Sie konnte die Person nicht beschreiben, und da, wo sie gefunden worden war, konnte unmöglich eine Person hin- und hergehen und die Kleine versorgen, denn sie lag eingeschlossen im Schutt. Ein Wunder! Oder ist es altes, verlorenes Wissen, das wir als Wunder bezeichnen, weil wir uns schon so weit davon entfernt haben?

Mit der weltweiten Unterdrückung der Frauen, mit

Inquisition und der Auslöschung der sogenannten »Hexen« wurde das alte Wissen unter Strafe gestellt. Heilerinnen und weise Frauen wurden getötet, weil es ihre Fähigkeiten nicht geben durfte. Bis heute sind Menschen, die besondere Fähigkeiten haben, verdächtig. Wenn sich die SchulmedizinerInnen irren, ist es Versuch und Irrtum der Wissenschaft. Stirbt ein Mensch, der alternative Heilung erfahren hatte, dann ist es ein Verbrechen. Wahr ist, dass es viele BetrügerInnen und Scharlatane in dieser Branche gibt. Doch wahr ist auch, dass es Menschen mit besonderen Fähigkeiten, mit Verbindungen zu den alten Kräften gibt.

Vor dem Tsunami 2004 waren die Tiere in einem kleinen ostindischen Dorf an der Küste unruhig. Die Frauen des Dorfes nahmen es wahr. Sie hatten der Göttin Saraswati einen kleinen Tempel auf dem Hügel hinter dem Dorf gebaut. Nun gingen sie alle da hinauf und hielten Zwiesprache mit ihrer Göttin. Das Dorf wurde überflutet und weggeschwemmt. Die Frauen waren gerettet, ebenso wie ein Junge, der eine Elefantenherde beobachtete. Er nahm das panische Verhalten der Elefanten wahr, die schließlich hinauf in die Berge flohen, er folgte ihnen und überlebte.

Wir alle wurden mit dieser Feinwahrnehmung geboren, doch das Leben in den Städten mit den Lebensbedingungen der modernen Welt lässt diese besondere Sensibilität kaum zu. Wir haben Geräte, die sie uns ersetzen sollen. Wir haben Wetterberichte, wissenschaftliche Labors und Forschungseinrichtungen, Smartphones, elektrische Geräte für fast alle Bedürfnisse. Wie soll man diese feinen, leisen Botschaften wahrnehmen und verstehen, wenn die Nachrichten, Informationen und Botschaften der Welt so laut sind?

Leider ist nicht überliefert, wie die Menschen überlebt haben, die in der Türkei und in Syrien das Verhalten der Tiere gefilmt haben. Vermutlich waren sie gewarnt und haben sich in Sicherheit gebracht, während in den von Fernsehern erleuchteten Wohnungen die Menschen ahnungslos ihrem Schicksal ausgeliefert waren.

Bei der Räumung von Landminen werden mittlerweile Ratten eingesetzt, die diese Minen erschnüffeln können und leicht genug sind, dass sie nicht explodieren. Hunde finden nicht nur Drogen, sie können mittlerweile auch Krebskrankheiten erkennen, weil sie so feine Nasen haben. Tiere müssen nicht »rational« sein, deshalb werden ihre Feinwahrnehmungen nicht als abergläubisch abgelehnt. Es scheint fast, als habe das Wissenschaftspersonal Angst vor dem, was wir nicht wissen können, was aber dennoch existiert. Für jedes Forschungsergebnis tun sich immer neue Fragen auf, und wer in die Tiefe des Universums und dann durch ein Mikroskop in die Tiefe der Zellen schaut, kann schon ins Grübeln kommen. Wir wissen nichts! Ehren wir, was wir nicht erklären und nicht wissen können.

Die Vielfältigkeit der Natur kennenlernen und achten

Schau dich an deinem Wohnort um, was alles für dich zur Natur gehört. Die Pflanze, die sich durch den Asphalt drängt, der Wildwuchs neben den Parkplätzen, die Hundekacke, dein eigener Körper, der Wind, die Sonne, der Regen usw.
Nimm die Natur nicht nur schwärmerisch und sentimental, sondern ganz realistisch wahr. Beurteile nichts. Nimm wahr und lass es wieder los.
Zum Beenden dieses Rituals oder dieser Übung kannst du einen Schluck Wasser trinken und die Qualität des Wassers fühlen (wie vielleicht nie zuvor).

geographie des verschwindens

im vorhof des todes sinkt die wahrnehmung
nach innen
erzähl von mir, nicht von dir
gibt mir halt mit deiner beschreibung meiner welt
vergessene genüsse tauchen auf und zerplatzen
wie seifenblasen
lachen, reden – störgeräusche
in der verwirrten verwunderung:
war's das?

nach innen sinken in die weite leere
der geist wie ein mächtiger ozean
erinnerungen wie inseln, die beim ersten sturm
untergehen
das einst vertraute ufer der seelenheimat –
eingebrochen, aufgegeben
ein schattenhaftes hätte ich doch, wäre ich …
bedrohlich nah das fremde unbekannte
das sich jetzt immer neu gestaltet
fata morgana des verlorenen vergessenen
lebenslandes

was ein teppich war, reicht gerade noch für
ein kissen
die flicken des entzückens leuchten auf
und werden aufgegeben
fallen in die dunkelheit des großen nichts
materie löst sich im letzten orkan
wie eine sandburg auf
die dinge, an denen die wirklichkeit befestigt
war,
verlieren ihre form
dann, glücklich, hat der kampf ein ende
die suche nach dem sinn: vorbei
große, alles umarmende stille

Anonym für fünfzehn Minuten

Alle kennen Andy Warhols Ausspruch: »Famous for fifteen minutes.« Mit den sozialen Netzwerken wird alles an die Oberfläche gespült. Die verborgene tiefe Energie treibt das Geplapper, die Informationen und Desinformationen, die Selbstdarstellungen, die Bilder der Wirklichkeit und die gefälschten Bilder und Geschichten vor sich her. Wir werden vollkommen transparent – oder doch nicht? Je mehr Informationen und Impulse in der Welt, im Internet erscheinen, desto unübersichtlicher wird alles. Und womöglich wissen wir am Ende gar nichts, verhalten uns aber, als ob wir den großen Durchblick hätten.

Nicht an die Oberfläche kommen die Riesenkalmare. Rätselhafte Wesen. Selten wurden sie einmal gesehen, ein- oder zweimal vielleicht sogar fotografiert. Diese Kalmare haben neun Hirne, und mit diesen Hirnen sind sie schlau genug, den Menschen aus dem Weg zu gehen. Sie tauchen in unvorstellbare Tiefen ab und leben dort mit all ihren Hirnen und Herzen – denn davon haben sie auch mehrere – ganz verborgen. Sie wollen nicht wahrgenommen werden. Sie wollen nicht gesehen werden. Sie bleiben ganz für sich. Und für uns ergibt sich daraus am Ende: Womöglich ist es viel besser, nicht gesehen, nicht erkannt, nicht wahrgenommen

zu werden. Im Geheimen nur die Natur um uns herum wahrzunehmen und von ihr wahrgenommen zu werden.

Kinder spielen Verstecken. Ein Kind zählt und ruft am Schluss: Wer nicht versteckt ist, muss es sein!

Genau. Denn man sieht nur die im Lichte, die im Dunkeln sieht man nicht (Mackie Messer, Bert Brecht). Da kann man sich schon fragen, was so toll daran ist, berühmt zu sein, immer sichtbar, von Kameras verfolgt, von Fans bewundert, von Hatern verfolgt und verhasst. Ist es nicht kostbarer, im Verborgenen zu blühen und nur von Menschen gesehen zu werden, die wirklich wahrnehmen können?

Der Zauberer nimmt ein leeres Glas, legt ein Seidentuch darüber und schiebt es tief ins Glas, zündet sich eine Zigarette an, und nach ein paar Zügen drückt er die Zigarette im Glas auf dem Seidentuch aus. Er holt die ausgedrückte Zigarette heraus und zeigt das Seidentuch. Es ist unversehrt. Das Publikum staunt. Wie hat er es gemacht?

Wir werden wahrscheinlich täglich mit Ereignissen und Wahrheiten konfrontiert, die wir nicht überprüfen können, die womöglich nicht der Wirklichkeit entsprechen. Wir regen uns auf. Wir handeln vielleicht sogar übertrieben schnell.

Es kann aber lebenswichtig sein, keine Gefühle, keine Reaktionen, keine womöglich dramatischen Aktionen aufgrund von Sichtbarem, scheinbar Wirklichem, scheinbar Wahrem zu verschwenden. Denn nichts ist, wie es scheint.

Es gibt diese Geschichte eines Schülers, der zum Zenmeister geht und erleuchtet werden will. Der Meister schickt ihn immer wieder weg. Eines Tages kommt der Schüler im Regen. »Ich bin erleuchtet«, ruft er. »Wo hast du deinen Regenschirm abgestellt?«, fragt der Meister. Der Schüler, beseelt von der Erleuchtung, weiß es nicht. Der Meister wirft ihn raus.

Achtsamkeit ist mittlerweile ein großes Thema. Es ist aber auch ein großes Klischee. Es reicht nicht, das Blatt am Baum zu betrachten, das sich im Wind bewegt. Wo stellst du nach dem Frühstück das Geschirr ab? Wo hast du deinen Stift hingesteckt, nachdem du eine grandiose Idee hattest? Das Einfache ist das Schwerste. Wir sind abgelenkt. Die Wichtigkeit, das Gerede und Getue, die Schrecken der Welt vernebeln die Wahrnehmung. Da heißt es, gelassen ganz da zu sein. Den Atem zu spüren und Freundlichkeit aufsteigen zu lassen.

Geh einen Weg

Geh einen Weg, den du oft oder vielleicht sogar jeden Tag gehst, mit besonderer Aufmerksamkeit: Was nimmst du wahr?
Präge dir alle Einzelheiten ein.
Dann geh nach Hause und geh diesen Weg in einer Meditation noch einmal. Nimm wahr, wo du Leerstellen hast, wo du dich nicht erinnern kannst, was da war.
Diese Übung hilft dir, in Imaginationen immer genauer zu werden, und denk daran: Imagination ist das Herz der Wirklichkeit. Was du verwirklichen willst, kannst du vorher imaginieren.
So wird der ganze Vorgang, zur materiellen Wirklichkeit zu gelangen, genauer und erfolgreicher. Das Imaginierte kann so gelingen.

Eintauchen in den virtuellen Raum

In meiner Kindheit gab es zu Hause weder Auto noch Telefon. Wenn wir Freunde oder Freundinnen treffen wollten, fuhren wir mit dem Fahrrad hin. Waren sie nicht da – auch nicht schlimm. Ich hatte lange Zeit weder Smartphone noch Tablet. Natürlich hatte ich schon bald nach der Erfindung von Laptops eines der ersten Modelle, denn Verlage wollten jetzt nicht mehr die umständlichen Papiermanuskripte, sondern – damals noch – eine Diskette. Später konnte man auch mit dem USB-Stick ein fertiges Buch abgeben oder es sogar per E-Mail schicken.

Die Coronazeit zwang mich, ein Tablet zu kaufen, denn wenn ich von meinem zweiten Wohnsitz, von meiner Schreibklause in Portugal, nach Bayern reisen wollte, brauchte ich ein elektronisches Ticket und musste auch digital einchecken. Das Tablet war praktisch. Jetzt konnte ich überall, wo es WLAN gab, schnell mal ins Internet gehen.

Das Praktische wurde zur Gewohnheit, und als ich dann auch noch einen Instagram-Account anlegte, weil meine Freundinnen und Freunde und meine Familie da auch waren, wurde ich schnell abhängig vom Netz, vom Tablet, von Instagram. Da war diese Welt – so verlockend, so lustig, so klug, zu informativ –, und da ich allein lebe, bot sie mir eben auch Gesellschaft. Auf Instagram fand ich Frauen, die über Frauengeschichte forschten, ich fand faszinierende Orte, erfuhr von spirituellen Erfahrungen. Sobald ich das Tablet einschaltete signalisierte es Verheißung. Der Algorithmus präsentierte mir »meine« Themen und erweiterte sie auf interessante Art. Ich saß vor einer unbekannten Welt, die sich mir Stück für Stück öffnete, mir Fragmente von spannenden Informationen hinwarf und mich hineinzog in eine endlose Abfolge von geistreichen, witzigen, interessanten, bestürzenden Themen.

Anfangs merkte ich nicht, dass ich in dieser faszinierenden Welt verloren ging. Der Corona-Lockdown ließ ja wenig Auslauf zu. Doch mir wurde immer bewusster, dass ich anfing, süchtig zu werden. Ich wollte wischen und zappen, ich lachte, ich saß stirnrunzelnd und rätselnd da und kam aus diesem tiefen, unbekannten und verheißungsvollen Raum nicht weg. Ich kommentierte und bekam lustige und unverschämte Antworten. Ich tauchte ein in die Welt der Idioten und der Genies. Und doch spiegelte diese Welt im Grunde meine eigene Welt. Alles, was in mir wuchs und anklang, und überall, wo ich meine Fühler ausstreckte, wuchs mir eine Welt entgegen, verlockend, verheißend und auch schon mal zerstörerisch.

Ich hatte mich bei meinen Freundinnen über ihre In-

ternetsucht lustig gemacht und stellte fest: Ich war schlimmer als sie.

Aus der unbekannten Tiefe des virtuellen Raums tauchten Menschen, Orte, Ereignisse auf, die ich ohne Internet, ohne Instagram nie gefunden hätte. Natürlich war mir klar, dass es am anderen Ende der Leitung sozusagen (analog gesprochen) einen Computer gibt, einen Algorithmus, der alle Vorlieben, Orte, Menschen auswertet und einander zuführt.

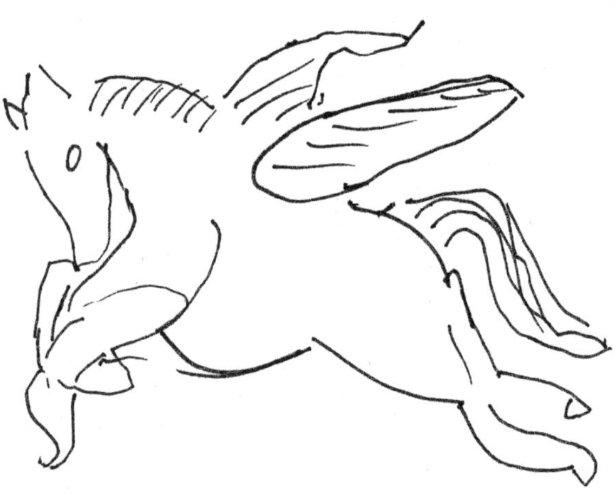

Unheimlich wurde mir die Anwesenheit des Internets (auch im Tablet oder Laptop der Ruhestellung) erst, als ich einmal mit meinem alten Klapphandy mit meiner Schwester telefonierte (das Tablet ruhte). Wir sprachen darüber, einen alten Freund in Schottland zu besuchen. Als ich später wieder ins Internet ging und das Tablet öffnete, sprangen mir fantastisch schöne Landschaften in Schottland, auf den Orkneyinseln und auf den Hebriden an.

Allerdings kam ich über diesen seltsamen »Zufall« auch zu einer schottischen Malerin und Musikerin auf den Shetlandinseln und einer Illustratorin aus Edinburgh, denen ich jetzt folge. Wahr ist, dass ich kaum jemals wieder mit dem feministisch-spirituellen Urgestein Vicky Noble oder mit der Schöpferin der »dinner party«, einem Kunstwerk, auf dem es 39 individuell gestaltete Teller für 39 besondere Frauen gibt, in Berührung gekommen wäre.

Ich entdeckte Shirin Neshat, folgte der iranischen Frauenbewegung, entdeckte Mary Beth Edelson wieder, begeisterte mich für Kiki Smith und Ana Mendieta, die ich zwar alle kannte, aber deren Kunst im Mainstream kaum vorkommt. Ich verlinkte mich mit dem *MoMA* in New York, mit dem *Louisiana* in Kopenhagen, mit der *Neuen Nationalgalerie* in Berlin, mit dem *Frauenmuseum* in Wiesbaden und dem in Hittisau – eine Fülle von Anregungen sprang aus dem Tablet. Seriöse Information holte ich mir beim Redaktionsnetzwerk Deutschland, zum Lachen ging ich zur *heuteshow* und zum *postillion.* Alles wunderbar – doch merkte ich, dass ich unter der Fülle von Informationen und Inspirationen an einer zunehmenden Zerstreuung meiner Konzentration litt. In den 1980er-Jahren nannten wir das: Du lebst nicht, du wirst gelebt. Und deshalb auch: Du denkst nicht, du wirst gedacht.

Ich fing an, die Zeit am Tablet zu begrenzen. Stellte mir einen Wecker und ließ, wie bei einer Therapiestunde, danach kein Wort und kein Bild mehr zu. Ging hinaus in die unbekannte Welt der Steinzeit, fühlte mich in die vor Tausenden von Jahren geschaffenen Formen und Farben ein, ließ mich in den Raum der Trance fallen und, Überraschung, stellte fest, dass es an einem Punkt im tiefen Netzwerk der Verbindungen ein Zusammentreffen von Gedanken und Impulsen aus dem Internet gab. Ich begegnete plötzlich und unerwartet einer Bärenfamilie, heulte mit den Wölfen und wurde vom Gesang eines Mädchens aus *britain got talent* zurück in die physische Wirklichkeit geholt.

Aus dem verborgenen Raum menschlicher Geschichte und Gegenwart tauchten all jene auf, die von offiziellen Medien nicht wahrgenommen oder ganz bewusst aus der Geschichte geschrieben wurden. Es waren Frauen, die das Mondprogramm der NASA schrieben, Frauen erfanden Computertechnologie, fünf indische

Wissenschaftlerinnen schickten die Rakete zum Mond. Und aus dem Dunkel des Verdrängens kamen Hundertjährige zum Vorschein, Frauen, die sich schmückten, die in ihrem hohen Alter noch Yoga oder Tai Chi praktizierten, die noch unterrichteten, und eine entdeckte ich, die mit 101 Jahren wieder auf die Universität ging, um Geschichte zu studieren.

Natürlich gibt es jede Menge Hass, Neid, Missgunst, mörderische Energie im Internet und speziell bei Instagram, es gibt rechtsradikale Parolen und verrückte Menschen, die für ein Insta-Selfie ihr Leben oder das von FreundInnen riskieren. Deshalb ist das Wichtigste: den unbekannten, rätselhaften Algorithmus zu erziehen. Da kommt es schon mal zu der absurden Situation, dass ein Roboter mich auffordert, zu beweisen, dass ich kein Roboter bin.

Und dann kommt die Botschaft aus dem unbekannten Raum: Sie haben in dieser Woche 5 Stunden und 24 Minuten weniger als letzte Woche auf Instagram verbracht.

Stärkung der Sinne

Schließ die Augen und wandere mit der Wahrnehmung zu den Ohren. Nimm die Ohrmuschel wahr, den Gehörgang, das Innere des Ohrs, die Kristalle, die das Gleichgewicht herstellen. Atme tief und genüsslich und stell dir jetzt vor, dass du eine Musik hörst, dein Lieblingsmusikstück vielleicht. Wenn du vor deinem inneren Ohr diese Musik hören kannst, lass die Imagination verblassen.

Wandere zur Nase. Nimm die Nase, das Innere, die Flimmerhärchen wahr und stell dir vor, dass du Lavendel riechst. Du kannst auch einen Geruch wählen, der dir leichter fällt. Ich habe festgestellt, dass Kaffee am leichtesten zu riechen ist, wenn du aber Kaffee nicht magst, ist es besser, ein stark riechendes Kraut wie Lavendel, Minze oder Rosmarin zu wählen. Sobald du den Duft riechen kannst, lässt du die Imagination verblassen.

Wandere zum Mund. Spür den Geschmack im Mund, auf der Zunge, die Zähne und stell dir jetzt einen Geschmack vor. Am leichtesten geht das der Erfahrung nach mit dem Geschmack von Zitrone. Wähle einen Geschmack, den du dir gut vorstellen kannst, und beende die Imagination dann.

Stell dir jetzt vor, eine Feder streicht über deine Haut, über deine Arme, dein Gesicht, und lass die Imagination dann wieder los.

Zuletzt wandere zu den Augen, nimm die Augäpfel wahr, die Lider, die Augenhöhlen. Stell dir vor, du stehst am Meeresstrand, du schaust aufs Wasser, siehst die Wolken, das Sonnenlicht. Wenn du das Bild gut vor deinem inneren Auge sehen kannst, erweitere die Vision und höre das Geschrei der Möwen und das Meeresrauschen, rieche den Seetang, spür den Wind auf der Haut und in den Haaren, schmeck das Salz auf den Lippen.

Jede Imagination schärft und verfeinert die Sinneswahrnehmung. So kannst du deine Feinwahrnehmung trainieren und vertiefen. Mit der Zeit und mit Übung wird es möglich, den verborgenen Raum, die spirituelle Kraft, die magischen Antennen zu entdecken und die Welt mit den Sinnen genauer wahrzunehmen.

Heilung im Körperuniversum

Einer Freundin musste im Krankenhaus ein Tumor aus der Gebärmutter entfernt werden. Es stellte sich heraus, dass dieser »Tumor«, der schon ein ganzes Leben in ihrem Bauch verborgen schlummerte, Zähne, Haare und winzige Knochenteile enthielt. Sie hatte ihren nicht entwickelten verborgenen Zwilling in sich getragen. Das machte mir wieder bewusst, wie wenig wir von den Vorgängen im eigenen Körper wissen. Wir werden krank und fragen jemand anderen, also eine Ärztin oder einen Arzt in diesem Fall, was uns fehlt. Diese hören sich die Symptome an, lassen Blutdruck und Puls messen, Blut entnehmen, Urin untersuchen und schauen eigentlich die meiste Zeit auf den Bildschirm – um nicht ins fragende, irritierende Universum der besorgten kranken Person schauen zu müssen?

Während der Coronapandemie tat sich ein tiefer Graben zwischen Schulmedizin und alternativer Heilkunst auf. Es fühlte sich für mich an wie die Attacke der Pharmaindustrie auf alternative natürliche Heilmethoden. Mütter, die ihre Kinder mit Hausmitteln oder homöopathischen Mitteln heilten, wurden diffamiert. Es gab Aggressionen gegen Menschen, die sich nicht impfen lassen wollten – und heute wissen wir, dass Impfschäden durchaus problematisch sein können, obgleich die Impfung vielleicht das Schlimmste verhindert hat. Ich ließ mich dreimal impfen, weil ich zwischen Bayern und Portugal reiste und nur mit einem aktuellen Impfausweis über Landesgrenzen durfte. Doch als die Pandemie überraschend vorbei war, fing bei mir das Problem an. Ich war erschöpft und hatte krasse Kopfschmerzattacken. Eines Nachts wachte ich auf, weil sich meine Lunge anfühlte wie mit Wasser angefüllt. Ich konnte nicht mehr atmen. Ich hatte mich und die Leserinnen meines Internettagebuchs *salamandra* während der Pandemie mit Yogaübungen und Pranayama(Atem)-Übungen bei Laune gehalten, was mir jetzt half: Ich beugte mich mit gestreckten Armen im Stehen nach hinten und atmete stoßartig aus, bis ich wieder normal Luft bekam. Man könnte die Ambulanz rufen und eine Zeit lang beatmet werden, wie das während Corona ja oft der Fall war. Ich hätte das nicht gemacht, denn der Impuls zu atmen musste für mich aus dem Körper kommen. Dieser starke Impuls, wieder ganz lebendig und frei zu werden, war für mich nötig, um die Lunge vom Schleim zu befreien.

Ich habe ein sehr inniges Verhältnis mit meinem Körper, und ich weiß natürlich, dass das verrückt klingt. Wir leben doch im Körper, da ist es doch nur normal, dass wir innig mit allen Körperteilen verbunden sind. Ein Zenmeister sagte: »Versuche, den Einatem durch den ganzen Körper zu begleiten!« Und ich begriff, wie schwer das ist, wie die Konzentration wegbricht, Gedanken auftauchen und die Verbindung zum Atem abbricht. Ich versuchte, den Strom meiner Flüssigkeiten im Körper zu entdecken und zu begleiten, das kann doch nicht so schwer sein! Versuch's! Die Flüsse fließen in dir, das Blut läuft durch die Gefäße ins Herz, aus dem Herz wieder raus, ins Hirn und wieder weg. Der Urin sickert durch die Niere, sammelt sich in der Blase. Tränenflüssigkeit! Spucke! Überall ist Flüssigkeit, es ist mein eigener Körper, und doch – ich kann sehr wenig davon orten und begleiten.

Ich habe angefangen, mit Körperteilen zu sprechen, und erhalte Botschaften. »Das willst du mir antun?«, jault der Magen auf. »Gib mir Schleim!«, verlangt der Darm. Und mit den Leinsamen öffnen sich sogar die Verbindungen vom Darm zum Hirn.

Wenn's mir nicht gut geht, konzentriere ich mich auf den Atem. Ich atme tief ein und langsam aus. Während ich atme, lasse ich Impulse aus dem Körper aufsteigen. Die sind ja immer da, aber weil ich in der Außenwelt lebe, bekomme ich sie nicht immer mit.

Nach einem schweren Unfall, der natürlich im Krankenhaus behandelt wurde, entwickelte ich die Fähigkeit, mich selbst zu heilen. Nachdem alle Knochenbrüche eingerichtet waren, konzentrierte ich mich auf die Nervenenden, die sich wieder einander zuwandten und die Verbindung herstellten. Aus dieser Zeit kommt meine Erfahrung: Alles lässt sich über den Atem und die Zufuhr von Flüssigkeit lindern. Und es gibt Situationen, in denen die Schulmedizin lebensrettend ist. Hier richtig entscheiden zu lernen ist womöglich das Wichtigste. Wann kann ich die Störung im Körper selbst wieder ausgleichen und heilen, und wann brauche ich die Schulmedizin mit ihren Medikamenten, Eingriffen und Analysemethoden? Wir wissen mittlerweile, dass es rund 40000 Todesfälle pro Jahr aufgrund von falscher Behandlung, falschen Medikamenten oder missglückten Eingriffen gibt. Deshalb scheint es mir das Wichtigste zu sein, sich selbst schlauzumachen und die Verantwortung nie ganz aus der Hand zu geben. Das nervt ÄrztInnen, doch kann es dein Leben retten.

Heilritual

Jeden Tag suche ich mir einen Platz, an dem die Luft »rein« ist, und mache ein Atemritual. Ich habe es aus dem Yoga übernommen und selbst noch angereichert. Es hat mich durch die Coronazeit getragen, und ich habe es beibehalten, weil es mich mit dem Wind und den anderen Elementen verbindet und meinen Körper stärkt:

- Mit leicht gebeugten Knien dreimal die gestreckten Arme in die Luft über den Kopf heben und langsam wieder sinken lassen.
- Dabei, wenn möglich, den Ausatem verlängern.
- Beim vierten Mal die Arme gestreckt hochheben, die Handflächen treffen sich und die Hände sinken vors Brustbein.
- In den Brustkorb einatmen und im Ausatmen die Hände lösen und die Arme sinken lassen.
- Zum Schluss die Arme schlackern lassen, nach rechts, nach links, ganz locker, der Oberkörper schwingt mit.

Das Sichtbare und das Unsichtbare

Als Herbert Achternbusch seinen Film »Ab nach Tibet« vorbereitete, setzte er sich in den Kopf, dass ich die Produktionsleitung machen sollte, also die ganze Organisation der Dreharbeiten in Bayern und in Nepal/Tibet. Das passte natürlich zu mir wie die Faust aufs Auge. Ich kann ja nicht einmal meine Steuererklärung selbst machen. Und doch reizte es mich. Warum nicht mal aus dem Gewohnten ausbrechen und sich einer Herausforderung stellen? Ich hatte selbst schon zwei Filme und zwei Kurzfilme gedreht und dabei weitgehend improvisiert. Wird schon gutgehen, dachte ich und fing an, die Dreharbeiten zu organisieren, bestellte die 35-mm-Kamera, das Filmmaterial, buchte für sieben Mitglieder der Filmcrew Flüge nach Kathmandu und so weiter. Für die Dreharbeiten in Nepal hatten wir zehn Tage eingeplant. Als wir am Flughafen ankamen und einchecken wollten, stellte ich fest, dass ich vergessen hatte, das Equipment als Fracht zu deklarieren: Als Gepäck war es exorbitant teuer. Ich verhandelte mit der Lufthansa, bis meine Lippen glühten. Schaffte es, zu einem ganz besonders günstigen Tarif alles als Gepäck mitzunehmen, und als wir in Kathmandu ankamen, konnte ich mein Glück nicht fassen, denn es war »Buddhas Geburtstag«, die Frachtabtei-

lung deshalb für die nächsten acht Tage geschlossen. Wir hätten gar nicht drehen können. Beim Zoll behauptete ich einfach, dass das Equipment persönliches Gepäck sei. Wir wurden durchgewunken.

Im Hotel angekommen wollte Achternbusch gleich loslegen. Ich sagte: »Ich muss zuerst zum Kali-Tempel.« In Kathmandu gibt es einen wunderbaren kleinen Tempel, in dem die Göttin Kali verehrt wird. Ich fuhr mit dem Tuktuk hin, überließ die Crew im Hotel ihrem Schicksal und unterhielt mich eine Weile mit der Göttin, was zu reibungslosen Dreharbeiten führte. Achternbusch war sauer und baute meinen Besuch bei Kali in den Film ein: »Sie geht zur Fäkali.«

Doch ich wusste, dass jetzt alles gut gehen würde, und so war's, charterte einen Bus nach Pokhara und einen Flug von Pokhara nach Jomsom, dem Bergort am Fuß der Annapurna, nahe der Grenze zum Königreich Mustang und zu Tibet. Wir trafen einen Münchner Dokumentarfilmer, der es nicht fassen konnte, dass wir in nur zehn Tagen drehen wollten. Er war schon seit vier Wochen zu Vorbereitungen seines Films hier. Für uns lief es wie im Traum. Obwohl ich mich praktisch nicht vorbereitet hatte, vorher keine Ahnung hatte, wo wir essen und schlafen sollten, wo wir drehen könnten, fiel uns alles wundersam zu.

Wer in Nepal drehen will, muss einen Offizier, einen Aufpasser, mitnehmen. Dokumentarfilme kosteten damals eine Gebühr von 2000 Dollar, Spielfilme 10000 Dollar. So viel Geld hatten wir natürlich nicht, und ich behauptete einfach, dass wir einen Dokumentarfilm drehten. Der Offizier war verunsichert. Herbert Achternbusch saß mit zwei Masken, mit weißer Farbe geschminkt auf einem Felsen, die Finger zu Krallen verlängert. »It's feature film«, rief der Offizier ein ums andere Mal aus. Und ich beharrte: »No, it's a documentary of a man and his dreams.« Auch das funktionierte. Abends bedankte ich mich bei Kali und freute mich.

In einem kleinen Laden sah ich eine Steinperle, die ich gern kaufen wollte. Er könne sie mir nicht verkaufen, sagte der Inhaber. Seine Familie sei aus Tibet geflüchtet, und die Perle sei eine Erinnerung an Tibet. »Kein Problem«, sagte ich.

Am Abend, als wir im Gasthaus beim Essen saßen, kam plötzlich der Inhaber des Ladens mit seiner ganzen Familie daher. Wortlos standen sie da und betrachteten uns und das Filmequipment, das wir immer bei uns hatten. Es hatte fast etwas Bedrohliches. Ich lud sie ein, mit uns zu essen und zu trinken, obwohl wir fast kein Geld mehr hatten. Sie erzählten von Tibet. In ihrer Sprache, wir verstanden kein Wort, doch am Ende gab mir der Mann die Perle. Ich wollte sie nicht nehmen. Doch. Ich müsse sie nehmen, eine Dzi-Perle, eine Augenperle. Man findet sie in Tibet in der Erde.

Sie sind heilig und beschützen die Menschen, die sie tragen.

Am nächsten Tag drehten wir eine Szene in einer Berghöhle, ein Sandsturm kam auf, und mir wurde siedend heiß bewusst, dass ich keine Negativversicherung abgeschlossen hatte. Wenn wir jetzt Sand im Material hatten, konnten wir die Szene wegwerfen. Es stellte sich im Kopierwerk heraus: Trotz des Sandsturms kein Negativschaden.

Ohne es zu wissen, waren wir ins Gebiet des Königreichs Mustang geraten. Es ist verboten, ohne Genehmigung das Königreich zu betreten oder gar dort Filmaufnahmen zu machen. Als wir gerade eine Szene drehten, kam ein Mann angeritten, ein Begleiter des Königs, der sich gerade zufällig in der Nähe befand. Er führte mich zum König. Ich entschuldigte mich, dass wir nicht gewusst hatten, dass wir schon auf seinem Boden waren. Er lud mich zum Tee ein und bat mich, ihn einmal zu besuchen. Wir trennten uns als Freunde.

Distanziertes Betrachten von Schmerz, Schuld, Schrecken

Ziehe an einem geschützten Ort im Freien mit einem Stock einen Kreis auf der Erde.
Die fragende Person stellt sich in den Kreis und spricht laut aus, was ans Licht geholt werden soll. Während sie im Kreis steht, ist sie selbst geschützt, und das Gesprochene verlässt den Kreis nicht.
Wenn alles gesagt ist, wird der Wind gebeten, alles mitzunehmen und aufzulösen.
Mit »So sei es!« beenden.
Ich würde dieses Ritual allein machen, denn es scheint mir wichtig zu sein, dass niemand das Gesprochene hört, weil es dann freier aus der Tiefe geholt werden kann. Danach kann ja eine Entscheidung für eine Therapie, ein Geständnis und Ähnliches gemacht werden.

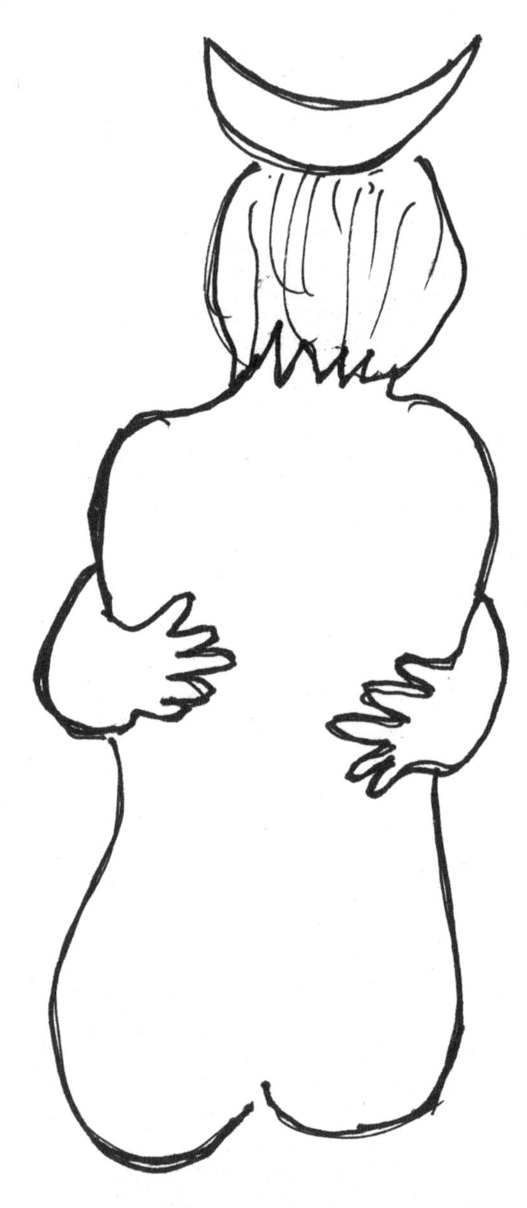

Der Mond im Wasser

Auf einem Flug nach Kathmandu für eine Reportage über Extrembergsteigerinnen fand ich auf dem leeren Sitz neben mir eine Lederschnur mit einer gelben viereckigen Perle. Es war eine Knochenperle mit einem Bambusröhrchen. Ich fragte die Flugbegleiterin, wem diese Perle gehören könnte. Sie sagte, von Paris bis Frankfurt sei diese Sitzreihe leer gewesen, sie ging durchs Flugzeug und fragte alle Reisenden. Die Perle gehörte niemandem. Sie gab sie mir. Ich behielt sie.

In Kathmandu ging ich zum Swayambhunath-Tempel. Ein Mönch hielt sich die ganze Zeit in meiner Nähe auf, starrte auf die Knochenperle, die ich als eine Art Halskette trug. Im Hotel formierte sich eine Gruppe, die nach Tibet fahren wollte. Zu der Zeit konnte man als kleine Gruppe von Nepal aus einreisen. Ich meldete mich an. Beim Informationstermin des Reisebüros sah ich den Mönch wieder. Er sprach mich an. Er wollte, dass ich einem Verwandten in Lhasa einen Brief bringen sollte. Ich lehnte ab, weil ich mit den chinesischen Behörden keinen Ärger wollte. Wer weiß, was in dem Brief steht, dachte ich. Der Mönch ließ nicht locker. Er sagte, er habe mich angesprochen, weil ich diese Knochenperle trug. Er schlug vor, dass wir zu seinem Kloster gehen und mit dem Lama sprechen sollten. Ich ging mit. Zwar hatte ich keine Lust auf Komplikationen, doch es interessierte mich, was der Lama wohl über diese Perle zu sagen hatte.

Der Lama nahm die Perle in die Hand und schaute mich an. Dann gab er sie zurück und sagte: »Das ist die Knochenperle eines Rinpoche, aus dem Knochen eines Erleuchteten geschnitten.« Ich wollte ihm die Perle geben, denn das war mir zu heilig, zu schwer. Aber er schüttelte den Kopf. Woher ich sie habe? »Im Flugzeug gefunden«, sagte ich und bat ihn, sie zu nehmen, weil sie zu ihm besser passte. Er sagte, die könne man nicht einfach weitergeben, die sei zu mir gekommen, und ich müsse sie behalten. Jetzt kam der Mönch wieder auf sein Anliegen zurück: Ob ich nicht doch den Brief mit 600 Dollar übergeben könne, das sei für den Verwandten sehr wichtig, und er wisse nicht, wem er sonst trauen könne. Aber da ich diese Perle gefunden habe, sei das ein Zeichen ... Rätselhaft, undurchsichtig, dachte ich. Und nahm den Brief mit. Immerhin hätte ich ja die 600 Dollar nehmen und verschwinden können.

Auf der Fahrt im Lastwagen nach Lhasa ging es mir schlecht, ständig dachte ich: Wenn Zöllner oder Polizisten diesen Brief finden, könnte das sehr unangenehm werden. Niemand kontrollierte mich. Ich kam leichenblass in Lhasa an, und in der Gruppe wunderte sich niemand, dass ich die Klosterbesichtigung nicht mitmachen wollte. Ich hatte mir den Plan von Lhasa und das Haus in der Nähe des roten Palastes eingeprägt, und als die Gruppe aufgebrochen war, ging ich los, um den Verwandten zu suchen, dem ich den Brief geben sollte. Als ich vor dem Haus stand, fiel mir das Herz in die Hose. Wie konnte ich mich darauf einlassen. Ich wusste nichts, ich agierte in einer Geschichte, die mir im Grunde komplett verborgen war. Ich klopfte an die Tür. Ein Mann öffnete. Er erschrak, denn, was ich nicht wusste, ich war komplett nach der chinesischen Mode gekleidet, schwarze Hose und schwarzes Hemd, gelbe Jacke und Sonnenbrille. Später sagte er, dass er mich für eine Polizistin gehalten habe. Das verabredete Zeichen war, dass er nach Übergabe des Briefs ein Amulett des Dalai Lama zeigen sollte. Er ging ins Haus, ich stand an der Tür und dachte: Jetzt könnte ich noch wegrennen. Aber wohin? Da kam er schon mit dem Amulett zurück. Er ließ mich eintreten, machte Tee und gab mir eine kleine silberne Glocke, die ich behalten sollte. Er sprach etwas Englisch und erzählte mir diese Parabel:

Ein Mann geht jeden Abend nach dem Essen hinaus und kommt nach einer Weile tropfnass wieder zurück. Seine Frau wundert sich. Als er wieder einmal losgeht, folgt sie ihm heimlich. Sie sieht, wie er zum See geht, auf die Spiegelung des Mondes auf der Wasserfläche starrt und dann ins Wasser springt, um den Mond zu fangen. Er schlägt auf die Spiegelung ein und verlässt schließlich frustriert den See.

»Du Narr«, sagt die Frau. »Du kannst den Mond nicht im Wasser fangen. Es ist nur eine Spiegelung. Eine Illusion.«

Wir verschwenden unsere Lebensenergie, indem wir Spiegelungen und Illusionen einfangen und sie bekämpfen wollen.

Die Altstadt von Lhasa wurde abgerissen, das Haus dieses Mannes gibt es nicht mehr und auch das Gasthaus nicht, in dem ich wohnte. Alles ist im Lauf der Geschichte versunken, doch die Knochenperle und das silberne Glöckchen habe ich noch. Manchmal trage ich die Lederschnur mit der Perle wie eine Halskette. Ob es wohl stimmt, was der Lama sagte? Wer kann's wissen!

Kleine Mondmeditation

Setz dich an ein Wasser und schau auf die Spiegelung des Mondes. Lass dich in die Bewegung des Wassers einsinken und überlege, wie viel deiner Handlungen, deiner Pläne, deiner Aktivitäten einer Illusion oder einer Spiegelung entspringen. Wo nehmen sie ihren Anfang? Worum geht's in deinem Leben? Was brauchst du wirklich?
Beende die Meditation mit tiefen, genüsslichen Atemzügen. Du kannst zum Schluss auch ins Wasser springen, das ist sehr erweckend und bringt dich in deine gegenwärtige Realität.

rückkehr ins verborgene

keine fülle keine leere
kein alter keine zeit kein wachstum
kein erinnern kein vergessen
keine ungerechtigkeit kein schmerz
im tanz mit den sternen fällt alles irdische
die feuerdrachin brennt alle lügen alle wahrheiten ab
legt die leuchtende pulsierende urkraft frei
kein sehnen kein verlangen
keine hoffnung keine enttäuschung
kein weg kein ziel
kein verbinden kein trennen keine worte kein schweigen
keine nahrung kein hunger
möge die universelle mutter dich in ihren armen wiegen
möge dunkelheit wie ein schützender mantel dich umhüllen
mögen dich wilde stürme auf deiner reise begleiten
dass du frei und leicht wirst
eins im universellen atem mit allem

Luisa Francia

Mit Göttinnen durch die Raunächte

12 Anleitungen zur Befreiung des Herzens

Eine Göttin für jede Raunacht –
Belastendes loslassen und neu anfangen

Die Raunächte zwischen Weihnachten und dem 6. Januar haben ihre ganz eigene Magie. In diesen besonderen Nächten kann man in Zwischenräume eintauchen und sich von alten Themen, die das Herz belasten, befreien. Das Raunächte-Programm von Luisa Francia ermöglicht einen inneren Reinigungsprozess, das Loslassen belastender Erfahrungen, das Umwandeln alter Gewohnheiten und einen bewussten Neuanfang. Als Helferinnen stehen Göttinnen zur Seite, die den Prozess mit ihren besonderen Qualitäten unterstützen. Rituale und Meditationen helfen, sich tief mit der weiblichen Urkraft zu verbinden.

Melissa Kirchgässner

Die Hexenwunde

Heile deine Ahnenlinie und komme wieder in dein volles Potenzial

Die Hexenwunde als kollektives Trauma

Die Hexenwunde ist ein kollektives Trauma, entstanden durch die Hexenverfolgungen. Die dadurch erzeugte Angst wurde über Generationen weitergegeben, sodass sie uns noch heute hemmt und blockiert. Die erfahrene Hexe Melissa Kirchgässner ist Expertin auf diesem Gebiet. Sie erläutert die historischen Hintergründe und zeigt dir auf behutsame Weise, wie Journaling, Meditationen, Rituale und Ahnenarbeit helfen, die Hexenwunde zu heilen, damit du dein ganzes Potenzial leben kannst.

KNAUR.LEBEN